擺脫無力感

拿回人生主動權

每個人都是倖存者，都是自己的英雄。

人生不容易，誰不是一邊崩潰，

一邊卯足勁前行？即使半吊子又笨拙，

還是要懷抱夢想，拿回人生的主導權。

二美——著

誰不是一邊內心崩潰，一邊卯足勁前行

有一年，我在上海，加班後已經很晚，還好趕上了末班地鐵。車廂裏人不多，三三兩兩地分散坐著。我也找到一個位置坐下，看了一會手機裏的工作群匯總資訊。一陣睏意襲來，我靠著椅背想閉上眼睛瞇一會。低頭的一瞬間，我看到對面的長髮女生正在掩面哭泣。

那時上海很冷。女生穿著紅色的大衣，圍著藍色的圍巾，背著黑色的皮包，看起來整個人顯得十分精緻。她一隻手扶著額頭，另一隻手撐著扶額的手臂，眼淚從她美麗的臉龐上簌簌地落下來，我能聽到她小小的啜泣聲。也許她此時很想放聲大哭，可地鐵上還有其他人，她不想讓別人看到她的窘迫，於是極力隱忍著。她不時用紙巾擦去眼淚和鼻涕，臉上的妝都花了。到了換乘站我要下車時，她依然還在啜泣。不知為何，我心裏隱隱有些作痛，有些心疼，不知道這個女生遇到了什麼壓力，是工作不順還是感情上遭遇挫折？

人活在世上，面臨很多壓力。我們都默默承受著生活的艱辛。只不過，在某些時候，壓力積累到一定程度，自己就會崩潰。

在網路上看到一個新聞，有個男子陪客戶喝酒，醉倒在南京一個地鐵站，號啕大哭。因為給民警帶來了麻煩，他向民警道歉。民警安慰他：「兄弟，沒關係，生活不容易，我理解你。」隨後他的妻子趕來，他愧疚地哭著對妻子說自己沒用。

每次看到別人無助，我就感同身受。別人以為我天天陽光燦爛，對生活充滿熱情，其實我也多次在深夜裏哭泣。誰都有不順心的時候，我曾經因為業務談判失敗，傷心到絕食；曾經因為感情不順，覺得自己再也不會幸福。走不出心結的時候，我還會被憂鬱和焦慮控制。

終於有一天，我厭倦了自己的妥協和軟弱無力，我選擇「正面硬扛」，我要用自己僅有的對生活的熱愛，來面對那些躲不過去的黑暗。所以我透過閱讀和寫作尋求幫助。

我讀了很多正向心理學方面的書籍，在持續的閱讀中，與智者對話，學習人生智慧。維克多．弗蘭克告訴我：「一個人精神的自由，任誰也無法奪走。」塔爾．班夏哈告訴我：「幸福第一，物質第二。」馬汀．塞利格曼告訴我：「一個人想要達到充分發揮的人生，就必須有足夠的PERMA[註1]。」他們的智慧給了我很多啟發，感謝他們。

我散步時寫作，吃飯時寫作，聚會時記下疑問。人生中的壓力和問題，總是突然冒出來，而我需要答案。在不斷寫作的過程中，我的內心逐漸明朗。我按照心理學家們推薦的方法，應對生活的壓力，學會了「理性情緒療法」，能夠客觀理性地看待自己面臨的問題，遇到事情不會只看到陰暗面；我嘗試著寫感恩日記，記錄生活中微小的積極體驗；我學著勇敢面對工作和生活中的小挫敗；我學著列清單，從一件又一件具體的小

---

1 馬汀・塞利格曼的幸福2.0理論認為，幸福是一個概念，包括五個元素（即PERMA）：P——Positive emotion，積極情緒（快樂、生活滿意度都在其中）；E——Engagement，投入；R——Relationship，人際關係；M——Meaning，意義和目的；A——Accomplishment，成就。

事做起，人生逐漸從混亂中轉向有序……我命由我不由天，我要拿回自己的人生主動權。

寫作時，我並沒有想過這些文字會有多少人閱讀，會給別人帶來什麼影響。我的初衷，只是為了讓自己學會應對壓力，卻沒想到，我的文字給很多讀者帶來了安慰。

有國外的讀者加了我的微信，告訴我：「本來想死，看了妳的文章，覺得又有了活下去的勇氣！」有讀者說：「妳的文字有魔法，魔法師，謝謝！」還有的讀者成了我現實生活中的朋友。

於是，我創辦了22天寫作群，希望可以幫助更多的人透過寫作探索世界。我熱心分享「正向心理學」的理念，希望可以幫助更多人發現自己的力量。我學拳擊，試圖讓自己更堅韌；我學藝術，想要體驗更多生活中不經意的美好。

現在的我，依然為了生存而努力，但我不會再躺著哭泣。我學會了如何從沮喪中站起來，勇敢往前走，還能和他人分享一點心得。

就像在這本書裏，我分享了自己如何面對焦慮和恐懼，如何掌控情緒，如何應對拖延症，如何提升執行力，如何面對不完美……我笨拙的文字，雖然只是一縷微弱的火光，但我希望這小小的火光能給你帶來一絲溫暖。

人生不容易，誰不是一邊崩潰，一邊卯足勁前行呢？我們每個人都是倖存者，都是自己的英雄。請對人生心懷希望，因為我們每個人都可以創造屬於自己的人生。

二美
二〇一九年七月三十日寫於廣州

Contents 目錄

Contents 目錄

Chapter 8／先謀生再謀愛

Chapter 9／心有所向，活成自己喜歡的模樣

CHAPTER 1

別讓無力感控制你的人生

我們得清楚地接受一個現實
短期內，自己是做不了大事的
這是事物發展的規律使然
不是自己能決定的

誰都不能一口吃成個胖子
作為普通人
我們沒必要自卑

01

如何擺脫焦慮控制，找回內心寧靜？

對不客觀的自我評價斷捨離

活在社群時代中，更容易認為自己必須成為什麼，做不成就是失敗者。當覺察對外界訊息起了反應，升起自我輾壓的念頭，便動手記錄，看清焦慮的迷霧。

刷社群網站時，我經常會看到這樣一些文章：某個人年紀輕輕就賺了十幾億、上百億，以此說明同齡人正在「拋棄」我們；或者誇別人身材完美，順便把我們普通人奚落一番，說我們不自律、不勤奮，活該沒有好身材……

這樣的文章非常多，我幾乎每天都會看到，在社群平台、網路上……這樣的文章，每一篇都在告訴我——我活得不如別人，我被碾壓在生物鏈的最底端！

每次看到類似的文章，我就感到焦慮從腳底直衝腦門，完了完了，別說一個億，我連一萬都沒有。我是不是已經被淘汰了，已經沒救了？

在全網焦慮的刺激下，我內心緊張，猶如熱鍋上的螞蟻，急得團團轉。手邊的事情沒心思做下去，工作不想認真對待，文章也不想寫了，只想有個什麼辦法可以一夜暴富，賺個十幾億，別被同齡人拋棄。

而且，我發現不僅我有這樣的想法，其他人也有。一個朋友有點胖，她已經很努力減肥了，可還是被一篇抨擊胖子的文章氣到，找我哭訴：「我是不是沒有資格活在這世上？」

為此，她每天拚命節食。但她控制得太狠，餓幾天之後常常又忍不住暴飲暴食，焦慮到得了厭食症，以至於現在已嚴重到需要專業醫生介入治療了。

我還有一個三十出頭就已經成為公司高級主管的朋友，她也每天過得很焦慮，整晚失眠，掉了很多頭髮。別人焦慮的是生活不易，她焦慮的是別人都開公司上市了，她還在給別人打工……

被焦慮控制時，我們的內心好像有個「惡魔」在作怪，很難平靜下來。心理的焦慮也會影響到身體，讓人吃不好、睡不著，白天工作沒精神，出去玩也提不起勁，整個人好像失了魂。

用一個長期處於焦慮中的朋友的話來形容就是——活著就是一種折磨。

既然焦慮對我們有這麼多的副作用，為什麼人在進化過程中還保留著這種特徵？為什麼不把焦慮情緒完全「進化」掉呢？

心理學家阿爾伯特．艾利斯[註1]認為，有的焦慮是健康的，有的焦慮是不健康的。比如，在你過馬路時，為了安全，你要注意紅綠燈的變化，同時觀察來往車輛，以便及時作出反應。這時候，你的焦慮就是健康的——可以讓你避開危險。

可如果你一到馬路邊雙腿就發抖，呼吸急促，無法順利通過馬路，那這種焦慮就是不健康的，會影響你的日常生活。

一旦被不健康的焦慮所控制，我們該如何擺脫它呢？

阿爾伯特．艾利斯在其心理學著作《控制焦慮》中提到，我們往往無法控制身邊發生的事情，但當事情發生時，我們可以學著控制自己的反應。

也就是說，真正讓我們焦慮的，不是外界事件和資訊，而是我們自己對這些事情的想法。比如說，我看到一篇寫別人賺了十個億的文章，很焦慮——因為我產生了非理性的想法：別人賺了十個億，說明人家很優秀；我沒有賺到，說明我不行，不如別人；我已經被社會淘汰了，沒用了，是個失敗者……

這樣的想法，既不客觀，也不全面，所以才會導致焦慮情緒的出現。也許很多人跟我一樣有類似的想法，可這麼想的人再多，也不意味著是對的。

讓我們冷靜地分析一下：別人賺了十個億，我沒有賺到那麼多錢，這能說明我是個失敗者嗎？能代表我不行嗎？這種邏輯根本就不合理。既然是不合理的想法，那我們在此基礎上產生的情緒就是不健康的情緒。

用日記、寫作練習，緩解焦慮情緒

讓我們來看看身邊那些不焦慮的人是如何應對這種情緒的吧。

朋友小榆是新媒體編輯，平時要經常刷社群平台，經由獲取很多資訊來積累素材。每次我看到那些有關一夜暴富的文章，都會轉發給她，問她感受如何？她總是很快回覆我：「別人的生活是別人的，就算別人賺了一百個億，跟我又有什麼關係呢？再說了，我也在努力工作、辛苦打拚，怎麼就被拋棄了呢？我本來就不屬於別人，何來拋棄之說呢？」

1 阿爾伯特．艾利斯（Albert Ellis），美國臨床心理學家，一九九五年發展出理性情緒行為療法，公認是認知行為療法先驅，認為人的情緒來自於遭遇事情的信念、評價、解釋，而非來自事情本身。

說完這些，小榆繼續忙工作去了，絲毫沒有被那些「負面」資訊影響和干擾。身邊的好友升職加薪，或者有了什麼成就，小榆會真心地祝賀他們，並向他們請教做事的方法，還常常拿個本本記下來，在思想認識和方式方法上提升自己。別人的優秀，不僅沒有讓她感到焦慮，反而讓她學到了很多方法。也許，就是因為對事物的看法理性而又全面，所以她才會情緒平穩，做事效率也非常高。

可惜，並不是所有人都像小榆那樣。我們可能總是把事情往不好的方面想，把事情想得很誇張、很極端，所以才會焦慮。

我問過小榆：「難道妳就沒有過焦慮的情緒嗎？」

她說：「當然會有。焦慮時我就強迫自己坐下來，分析自己為什麼會焦慮，想一想自己焦慮是不是因為想得不夠全面。分析清楚了，再去解決，事情就會變得非常簡單。」

有一次，她寫的文案修改了好幾版，甲方還是不同意，連原因都不說。她心情不好，很焦慮，覺得甲方就是故意刁難，弄得什麼事都沒心情做。

當發現自己被焦慮所控制後，小榆就開始寫日記，逐條分析自己的想法。她發現自己對甲方的看法是扭曲的，於是開始積極跟對方溝通。在她的催促下，甲方的連絡人終於有了回應。原來，對方是因為個人私事沒處理好而影響了工作，才沒有及時跟小榆溝通。

了解清楚原因後，小榆的工作進行得很順利，不久就全部完成了。其實，小榆的這種做法，也是阿爾伯特．艾利斯所提倡的控制焦慮的方法：找出非理性的想法，和它們「辯論」。透過「辯論」，緩解焦慮，保持理性。有三種辯論法，大家可以嘗試一下：

基於現實的辯論法。像我的朋友小榆，她一直擔心工作完成得不順利是因為甲方在故意刁難自己，可事實上並不是。當她了解了甲方的真實情況後，就用現實反駁了自己的非理性想法。

邏輯辯論法。「有人能賺十個億，自己卻沒有賺到，說明自己很差勁。」這種邏輯，明顯就是錯的。但它到底錯在哪裏？我們一起來看看：別人賺十個億，就代表他一定很優秀嗎？不一定。優秀只能用金錢衡量嗎？當然也不是。所以，別人優秀，就說明自己很差勁嗎？更不可能。這樣清晰的邏輯辯論法，可以讓我們時刻保持清醒。

務實型辯論法。有時候，我們認為自己必須做成什麼事情，如果做不成就是失敗者。這種非理性想法，只會讓我們更加焦慮，對我們辦成事不會有任何幫助。如果我們能夠改變自己的期待，理性地考慮事情，那我們就會坦然一些，精神狀態也不會那麼緊繃。

此外，還有很多方法可以幫助我們控制焦慮，比如轉移注意力、解決當下的難題、暴露療法[註2]（Exposure therapy）等。

我自己嘗試過辯論法，經由寫日記分析自己的想法，與自己辯論。我有時也會透過寫作來表達自己的觀點，從讀者的回饋中獲得啟發，客觀地面對現實。

我還嘗試過轉移注意力的方法。當我特別焦慮時，會聽一些優美的古琴曲，或在風景優美的地方散步，讓心情放鬆下來，以平靜的心態對待眼前的壓力。

當遇到無法逃避、亟待解決的問題時，我會強迫自己去面對。記得有一次，我去參加某檔節目的錄影，臨出門時，忽然焦慮得不敢出去了。我試著深呼吸，強忍住心中的不適感，勇敢地去參加了節目的錄影。等到現場節目開始錄製時，我忽然發現自己變得很放鬆，焦慮早就不翼而飛了。

不管我們用什麼樣的方法，都要保持耐心，多次練習。加拿大心理學博士蒂莫西・皮切爾（Timothy A.Pychyl）說：「自我改變的過程是艱辛的，這是我們每天的旅程。前進兩步，後退一步，我們將耐心地堅持下去。」

在這裏，我想用這句話與大家共勉。希望我們都能放下焦慮的重擔，尋找到內心的寧靜，輕裝前行。

2　暴露療法，讓患者暴露在其所恐懼的情境中，透過反覆接觸逐漸增強其能掌控感，使焦慮感削弱。

02 別讓童年成為你一生的詛咒

沒有任何證據證明，過去能決定未來

現在的人格，更大程度上是由基因決定，而非童年遭遇。至於基因，不能怪罪父母，他們也控制不了自己的基因。

豆瓣上有一個叫「父母皆禍害」的群組，每天都有人在那控訴自己悲慘的童年和可恨的父母。後來，這個群組引起了大眾的注意，還有人專門出書揭祕這個小組。

我去這個群組看過，看文章時，內心無比沉重。發文的人要嘛是童年曾被父母毒打，要嘛是遭受過精神冷暴力。更嚴重的，還被猥褻、侵犯過。他們的童年生活如同煉獄，無處發洩痛苦，只好在網上傾訴。

他們當中，有的得了心理疾病，成年後無法正常生活。有人說自己的人生被父母毀了，這輩子註定要活在痛苦之中；還有的人說不想活了，因為童年時父母的虐待讓他們的內心缺少陽光。

看到這些控訴，我想起了自己的經歷。小時候，父母對我管教得特別嚴，但凡我做錯一點事，或考試成績不理想，總免不了挨一頓打。我曾怨恨過父親，他給我的童年留下了不少暴力陰影。

記得有一次，我數學考了七十分，父親氣得直搧我耳光，把我打得眼冒金星。還有一次，我和姊姊吵架，父親就拿竹竿打我們的腿，我的腿被打得疼了好幾天。最傷心的是有一次我被一個男生誣陷，那個男生的媽媽去我家告狀，說我把她兒子耳朵擰爛了，父親不分青紅皂白，上來就搧了我兩個耳光，根本不聽我解釋。

還沒能力和解時，先選擇遠離

每每回憶起這些往事，我都很傷心。小時候挨打的經歷確實對我有很大影響，以至於到現在我和父親的關係都很疏遠，平時回家也不願和他說話，甚至見到他便心生恐懼，生怕一不小心做錯事又要挨打。

我特別羨慕那些可以在自己父親面前撒嬌的小女生，覺得她們真幸福。而我呢，連在父親面前表達一下觀點都需要很大的勇氣，更別提向他撒嬌了。

在農村，像我父親這樣的父母太多了，他們的教育觀念就是「棍棒底下出孝子」，他們認為孩子「不打不成器」。他們把孩子送到學校時，會囑咐老師對自己的孩子「不聽話就使勁打」。有個男生跟我說，他小時候曾被父母吊起來打，打得皮開肉綻，最後差點昏死過去，他也因此留下了心理陰影。

正是因為這些，我從小自卑又敏感。在我的成長過程中，如果別人笑話我，我會難過很久。如果我做錯了什麼事情，不用別人批評我，我會先罵自己一頓。我曾經試圖偽裝堅強，讓自己看起來很陽光，但這似乎更容易暴露我懦弱的內在。

有時我覺得我的懦弱跟我的童年有關，每次這樣想，心裏對父親的怨恨便會多一分。糾結和怨恨充滿了我的內心，我心情沮喪，有時連當下的生活都無法過好。

然而，當你凝視深淵時，深淵也會凝視你；當你一直糾結於怨恨時，你會一直心懷怨恨，好像生活在地獄中。

不幸福的童年已經存在，無論如何也改變不了。是糾結於過去，陷入痛苦；還是著眼於現在，把以後的人生過好？每個人都有不同的選擇。

在我還沒有能力跟父親和解時，我選擇了遠離，默默地增強實力。我不想再糾結於過去，把自己的失敗和挫折都歸因於童年。抱怨過去，對我的生活沒有任何幫助。我經常會看一些心理學方面的書籍，借助書中的理論來幫助自己調整心態。

正向心理學家馬汀．塞利格曼在《真實的快樂》裏談到了童年問題。他認為，歷史並沒有那麼重要，沒有任何實驗支持「童年事件會影響成人的人格」這一結論，也沒有任何證據證明「過去能決定未來」。

童年時的災難可能會對一個人成年後的性格有一定影響，但這種情況是少數。童年的不幸不能決定你長大後會出現什麼樣的問題。

心理學家們研究發現，相較於童年經歷，基因對人格的影響更大。也就是說，你現在的人格，更大程度上是由基因決定的，而不是你童年的遭遇。至於基因，這不能怪罪你的父母，他們也控制不了自己的基因。

明白了這一點，我們就不會再沉溺於過去的痛苦了。沉溺於過去，對我們的未來沒有任何作用。

童年有「傷」的人，如果不停地撕裂「傷口」，會減慢「傷口」癒合的速度。心理學家貝克發現，憂鬱症病人每說一次過去發生的傷心事，內心的傷口就被拉開一次，病情嚴重的甚至會自殺。所以，過去的傷心事還是少提為妙，多把注意力放到現在。

那我們怎麼做，才能放下內心的怨恨，專注於追求未來呢？

感恩增加生活的滿意度，放大美好記憶

馬汀．塞利格曼在書中給了我們兩個建議。

首先是感恩練習。感恩能增加一個人對生活的滿意度，因為它將過去美好的記憶放大了。

感恩練習要經常做，每天晚上臨睡前可以花五分鐘時間，寫下當天值得感恩的五件事以及原因，大事小事都可以。當然，也不一定是五件事，一件事也可以。

我每天都寫日記，提醒自己多注意美好的事物。我們不能只看到苦的一面，也要多發現美好。這些美好，是我們生活的希望，需要我們用心去發現。

其次是寬恕與遺忘。我們可以借鑒一下寬恕心理學家埃弗雷特．沃辛頓（Dr.Everett L.Worthington,Jr.）的寬恕五步驟（REACH）。因為母親被人殺害，沃辛頓受到了極大的打擊，內心十分痛苦。後來，他選擇了寬恕，創造了寬恕五步法。

R：回憶（Recall）盡量以客觀的方式去回憶傷痛，但不要把對方妖魔化，也不要自怨自艾。如果你要談論童年往事，不應該只說不好的一面，而應該客觀中立。

比如，我在談論童年時，除了回憶挨打的經歷，還會回憶一下父親對我的付出和關愛。

小時候，我們村裏其他孩子都是在農村上的學。當時，我父親托人找關係把我送到了縣城上學，為此花了不少錢，還承受了不少村裏人的冷嘲熱諷。因為很多人覺得女孩子讀書沒什麼用，而我的父親堅信「知識改變命運」。

我考試失敗，私自塗改試卷成績被發現後，父親鼓勵我下次努力。

我離開家去異鄉讀書時，父親無比擔憂，親手寫字條夾在我的作業本裏，囑咐我要做個「有勇有謀的好姑娘」。

我在醫院做闌尾炎手術時，父親跑前跑後，無比緊張……這些都是實實在在發生過的事情，我不應該忽略。

E：移情（Empathize）從對方的觀點來解釋他為什麼要傷害你。

我曾站在父親的立場，思考他打我們的原因。一方面，他的教育觀念受老一輩人影響，可能根本不知道暴力教育對孩子的傷害，以為打孩子就是對的方法，這是他的局限性所在。另一方面，當時我家裏有三個孩子，父親要養家糊口，壓力很大，對情緒的控制能力也不好。我們長大後，疏離了父親，他感到非常後悔，還對此進行了反思。

A：利他（Altruistic）回想一下，我們也曾傷害過別人，而別人選擇原諒我們，是他們送給我們的禮物。「施」比「受」更有福，我們能否試著寬恕傷害我們的人，把這寬恕當成禮物送給他們呢？

C：承諾（Commit）承諾自己會在大庭廣眾之下寬恕對方。沃辛頓會引導當事人簽下「寬恕證書」，給加害者寫信，寬恕他們，或者是在日記、詩、歌曲中寫下寬恕的話語，以達到內心真正的寬恕。

H：保持（Hold）保持寬恕之心。當過去的記憶浮現於腦海中時，不要在其中加入復仇的成分。我們要提醒自己已經原諒了對方，此時可以重讀寬恕之信。

說實話，當我看到上述寬恕的步驟時，內心是抗拒的，估計大多數人也和我一樣——畢竟很少有人能夠做到平心靜氣地寬恕別人。

我們一般的做法是：記著，找機會去報仇！但是，那樣會讓我們更痛苦，無法過好現在的生活。那樣的生活狀態真的是我們想要的嗎？

史丹佛大學心理學家托雷森（Carl E. Thoresen）曾對寬恕五步驟模式的效果進行過研究，他發現，當人們放下仇恨時，憤怒與緊張就會減少，樂觀和健康則會增多。愈能真正地寬恕，這種效果就愈明顯。

童年會成為一生的詛咒？由你決定

如果我們無法做到真正的寬恕，就不要勉強自己，因為虛假的寬恕起不了任何作用。像我現在，有時回憶起過去，還是會難過。這時候，我就會轉移注意力，放下過去，專注於當前。

童年是否會成為你一生的詛咒其實是由你自己來決定的。只要放下執念，不再把糟糕的現狀歸因於童年，全力過好現在和將來的生活，我們終將會獲得幸福人生。

我們的生活有兩種選擇：要嘛打破詛咒，把注意力放在現在，認真工作、生活，去追求幸福；要嘛繼續陷在痛苦中，讓詛咒跟隨自己，在哀怨中度過一生。

那麼，你選擇哪一種呢？

03 怎樣才能擁有自信？

從簡單、規律的日常做起

整天盯著大目標，易造成認知的誤區。先將吃飯、散步等生活小事規律化，做好能力所及之事，增加自我效能感，慢慢建立自信。

之前，有一個女生向我諮詢，她認為自己一事無成，所以感覺非常自卑，特別羨慕身邊那些自信的人。

其實我曾經也很自卑，特別是遇到挫折時，什麼事情都不想做，常常陷入「習得性無助」的局面。

那我們應該怎麼做，才能像別人一樣擁有自信呢？

在痛苦中，我看了一些心理學方面的書籍，其中有一本叫《伯恩斯新情緒療法》註1，它給出的應對方法是：

做一個每日活動計畫表，以小時為單位，填寫你每天的行動計畫，等計畫完成後，給你的結果打分。這樣的話，你就會真正付諸行動，而不是沒完沒了地糾結。行動才能真正改善你的處境，而念頭改變不了。

貪心反而阻礙了前進

我找過一位女心理諮詢師，其建議是：每天的生活規律化，如果做不了有難度的事情，可以從最簡單的事情做起，比如說將吃飯、散步規律化。

當時，我對這位諮詢師的建議很不以為然，覺得她說了等於白說。每天規律化生活，誰不知道呢？關鍵是我不想只做簡單的事情，我想一下子做很多事情。

這就是人的貪心在作祟，我想大多數說自己沒自信的人，應該跟我的想法差不多。我們只是以為自己幹不了大事，對自己沒有自信。但如果讓我們去做小事情，我們又不屑去做。

我有個國中同學，他看我寫了八十多萬字的文章，很是羨慕，便來找我聊天，問我的寫作祕訣是什麼。我告訴他，這八十多萬字，是我寫了好幾年積累的，不是一兩天完成的。

可他不管這個，他只問我怎樣才能像我一樣寫出這麼多文字。我說：「你今天先寫一篇吧，明天再寫一篇，寫得多了，別說八十萬字，八百萬字都沒問題。」可他寫了一篇之後，就懶得再寫了。他說自己沒有自信，寫不出八十萬字。所以，他只會為辦不成大事而自卑，卻不會為寫不出簡簡單單的一篇文章而自責。

其實，這就是我們的認知誤區。我們整天盯著那些大目標、大成就，想在短時間內趕超別人，可如果沒有接受訓練，也沒有任何基礎，我們怎麼趕超呢？當事實和我們的期望相差甚遠時，我們又怎麼可能自信呢？你不自信，不是因為你做不到，而是因為你根本就沒有去做！

就像前面我說的這位同學，他羨慕我寫了八十萬字，但其實他看到的是八十萬字的結果，卻沒有看到我背後為此付出的努力：那可是我看了很多書，努力寫了好幾年才做到的。他沒有付出我這種程度的努力，當然不會知道如此成就取得過程的艱辛。

你羨慕別人可以跑完馬拉松比賽，覺得人家「好厲害啊」，可這是人家訓練多年的結

1 《伯恩斯新情緒療法》：作者為大衛・伯恩斯（David D. Burns）教授。

果。他們每天跑十公里，經年累月才能做到在比賽中遊刃有餘。我們連一公里都沒有訓練過，怎麼跟人家比呢？你說自己跑不了十公里，那好，給自己設定一個小目標，可以試著明天早上起來先跑五百公尺。

很多人一聽要跑五百公尺，會覺得太沒勁，不願意行動。古人說：「千里之行，始於足下。」只有先把小事情做好，才能有後面的大成就。

掌控你的生活，先列出行動清單

史丹佛大學的心理學家愛柏特．班杜拉（Albert Bandura）在一九七七年提出了一個概念——「自我效能感」（self-efficacy），即一個人對自己是否有能力完成某一行為所進行的推測與判斷。而缺乏自信，就是自我效能感覺不足的表現，這時候，人就會感到未來無望。那麼，我們應該如何破解這種無助的局面呢？

首先，我們要從認知上糾正對自己的認識，我們得清楚地接受一個現實：短期內，自己是做不了大事的，這是事物發展的規律使然，不是自己能決定的。誰都不能一口吃成個胖子，作為普通人，我們沒必要自卑。

接著，我們要在行動上做出改變。我們可以先做一些能力所及的小事，慢慢建立自信。

在看了伯恩斯所說的方法後，我找到了一款非常適合提升我們行動力的應用程式：滴答清單（TickTick）。這個應用程式非常好用，無非就是在當天的日期下面寫上你要做的事情，也可以設置時間提醒。做完一件事情，就打一個勾，這種感覺非常好。

這種列清單的方法我已經用了兩三年了。一般情況下，我會在晚上寫下第二天的計畫，或者第二天早上起來寫，然後按照計畫一項一項去完成。這種方法讓我對生活有了一定的掌控感，而且也能直觀地看到自己做了多少事情。

長時間堅持下來，我的行動力提升了不少，自信心也隨之增強。人的大腦更願意相信看得見的證據。你做的這些事情就是看得見的證據。事情做多了，自信自然就有了。

我們失敗了會感到自卑，但不必為此懊惱，千萬不要抵抗這種心理。失敗時產生自卑心理是很正常的，我們要先接納它，然後制定一個目標：一開始，目標盡量不要過高，太高的話難以完成，會使自己產生很強的挫敗感。

比如，喜歡寫作和閱讀的人，可以每天在社群平台上寫一段話，每天讀一頁書。古人云：「不積跬步，無以致千里；不積小流，無以成江海。」

在行動中磨礪自己，你會做成一些事，也會搞砸一些事。不斷總結，不斷實踐，能做成的事情會愈來愈多。

04

總有刁民想害朕？你想多了

想像不等於事實

男友不接電話，八成跟別人約會去了；下雨，是老天要跟自己作對……異常活躍的腦補日常，讓人陷入無助，失去行動力。

日常生活中，我們常常會把自己定位成受害者，這裏說的受害者，並不是在法律層面被人傷害的那種人，而是指在生活中，總覺得自己很可憐，被欺負被傷害的人。

把自己定位成受害者的人，內心活動大概是這樣的：總有刁民想害朕。

我上國中時，從鄉村中學轉到了城裏的學校，壓力特別大。我怕同學們會看我的笑話，怕成績不好被人說智商低，怕衣服穿得不好看被人說「土包子」。誰要是瞪我一眼，我就會想：對方是不是嫌棄我農村人的身份？總之，當時的我內心戲很足。

那時候，我的同桌是一個叫陳昂的男生，他的家庭條件很好，但就是不愛學習，整天想法子蹺課去上網。

記得有一次下課，陳昂問了我一件事情，具體是什麼我忘了，只記得當時我回答的是：「我不知道。」因為那時的我，心裏只有課本中的內容，根本不了解課本以外的世界。前桌的女生聽到了，扭過頭，與陳昂交流了起來。我心想：這兩個人不會在說我什麼吧？後來，他倆開始頻繁聊天，內容無非是遊戲、溜冰、網路、誰暗戀誰……

他們說的幾乎都是我不知道的。有時他們說著說著，還會瞟我一眼，然後一起笑。我想，他們肯定在說我的壞話，說我除了學習什麼也不懂。我又自卑又氣憤，終於忍無可忍，去找了老師，請老師給我換個位子。奇怪的是，我調走以後，他倆再也不竊竊私語了。

多年以後，我又遇到了陳昂。他說：「跟妳同桌的時候，妳可真厲害啊，天天聽課寫作業，想跟妳說話都不敢，只好找前桌說話，想引起妳的注意。沒想到，妳直接調走了……」

客觀看待挫折，不要陷入了思維扭曲

我真沒想到事實居然是這樣。直到後來自學了心理學，我才知道這屬於「思維扭曲」。

在現實生活中，思維扭曲的人有很多。我見過不少人把自己想像的當成事實：在工作中遇到挫折時，覺得是同事想坑自己；男友不接電話，認為男友肯定是去跟別人約會了；下雨了，覺得是老天爺專門跟自己作對……反正只要不順利，都是有人想害自己。

長期如此，人就會陷入無助，什麼都不想嘗試。反正不管怎樣都會被人害，那乾脆聽天由命好了。但問題的關鍵在於：你以為的和你想像的真的是事實嗎？

在工作中遇到挫折，可能是外部原因所致，也可能是由於內部原因，我們要做的就是去查明真相，而不是自我猜測。男友不接電話，可能是他手機忘記拿了，也可能是他在開會……胡思亂想不但不能解決問題，還會讓自己的心情更加糟糕；下雨了，那是自然規律，跟你的表現沒有任何關係。我當年總認為同學說我壞話，可事實並非如此——是我自己把自己唬住了，被臆想困住了。

我有個同事叫蔡蔡，每次長官喊他，他總覺得是要開除他。可實際上，長官叫他時，大部分都是正常的工作溝通。

我們要學著改變自己的受害者心態，理性看待各種事物，分析其背後的原因，找到事情的真相。只有理性樂觀地生活，才能保持內心的寧靜，體會到生活的快樂。

05

每天，你都有一次重生的機會

一再反芻思考，將嚼碎自己的人生

遇見挫折的情境，我們總習慣反覆回想，彷彿裏頭藏匿著問題的解藥。但這過程卻無法改變結果，只是掉進負面情緒的無限迴圈。

心理學中有個名詞，叫作「反芻思考」。就是說，一個人遭遇挫折後，會不停地回想令其感覺挫折的那件事，讓自己陷入痛苦之中。

朋友濤子最近失戀了，一直困在感情往事中無法掙脫。他很困惑：「為什麼她要離開我？是我有問題嗎？」

反覆思索後，他終於意識到自己錯在哪裏了。他去找對方道歉，想挽回這段感情，可惜他的女友卻再也不肯回頭。濤子不斷地回想著過去的事情，悔恨、沮喪、失落，甚至還有憤怒，這些負面的情緒一波又一波地衝擊著他，讓他陷入了無盡的痛苦之中。

有一次，他在餐廳吃飯，看到前女友正和一個男人約會。他很想去問個究竟，可一想，都分手了，自己還有什麼資格去管人家呢？他悄悄地觀察了一下那個男人，發現那個男的既沒他帥，也沒他穿得體面。這下，他更想不明白了：為什麼她寧願找一個不如自己的男人，也不願跟自己和好呢？他陷入了痛苦的思索中。

可感情這事，怎麼可能理清楚、想明白呢？他找我訴苦，我勸他說：「這種事就好像『甲之蜜糖，乙之砒霜』，你看著寒酸的人，也許別人覺得他魅力無邊呢？還有，你每天一味地想啊想，能起什麼作用呢？」

很多憂鬱症患者，就是因為陷入了「反芻思考」的情緒，不停地苦思冥想，結果愈想愈難受，最後整日被絕望情緒所籠罩。

錯過的事怎麼想，也想不出所以然來

當你心情低落時，靠自己想，很難想出個所以然來。如果真的想知道自己錯在哪裏，可以求助身邊的人，讓他們幫忙指點一下。世上很多事，有時根本就不是你的錯，只是差了一點運氣而已。

有的事情，是我們怎麼也想不出答案的。比如，戀人為什麼離開你，朋友為什麼背叛你，長官為什麼罵你……可能理由非常無厘頭，如果他們不說，你可能永遠也想不出來。所以，面對那些想不出來原因的問題，你必須行動，在行動中也許就能找到答案。

二〇一九年年初爆紅的電視劇《都挺好》中，女主角蘇明玉從小生活在重男輕女的家庭中，爹不疼娘不愛，還整天被二哥蘇明成欺負。她勤奮好學，成績優異，想考清華，卻被媽媽以開銷大拒絕了。最後，她只好去讀了免費的師範大學。

可她的大哥、二哥呢？一個去了美國留學，住上了大房子；一個自小受疼愛，工作、買房都不用自己操心。只有蘇明玉最可憐，什麼也沒有。這種和現實無比貼近的劇情，引發了那些從小生活在重男輕女家庭中的女生的共鳴。

我在網上看到不少女生控訴她們童年時遭受的不公平待遇。有的說自己在家裏只能吃剩菜；有的說自己國中畢業就出來打工，供哥哥讀書；有的說自己攢了錢想買房，父母卻來要，說要給弟弟娶媳婦……

有一個女生說，回憶過去讓她很痛苦，她看這部劇氣得都不想上班了。另一個女生建議大家不要總是討論過去，說討論多了會影響心情，還不如多說說現在，把注意力放在當下。她說得很對，如果總是陷在過去，怎麼可能做好當下的事情呢？

這個世界上，有無數個蘇明玉，她們從小就不被重視，帶著傷痛長大。可是，長大後的蘇明玉們，不一定會比別人差。

《都挺好》中的蘇明玉，一心撲在事業上，最終成為公司負責人，買了別墅和豪車，變成了家族裏最有實力的人。對於現實生活中的蘇明玉們來說，也許做不到像劇中的蘇明玉那麼有能力，但是依然可以透過努力過上幸福的生活。

是當下的選擇，決定了你生活的狀態

以前，爸爸媽媽擠壓你的生存資源給你的兄弟，而現在，你可以自己掌控錢財；以前，你的家族讓你無條件犧牲，現在，你可以說「不」，可以為自己做主。你有說「不」的權利和資格，沒必要一直被過去控制。「重生」的機會在當下，在你的手裏，就看你自己能不能抓住了。

其實我們的生活完全掌控在自己的手裏，我們的選擇決定了我們的生活狀態。

有一次，我答應為一家食品公司寫廣告文案，對方的預付金都匯到我帳戶裏了，但不知為什麼，我就是不想幹活。日子一天天過去，我連基本的題綱都沒寫出來。眼看人家都要推出產品了，我這文案還沒見影。

沒辦法，我只好如實相告，告訴對方我狀態不佳，讓他趕緊找別人。雖然他安慰我說不要緊，新品還要再測試一下，但我還是感受到了他的失望。後來，他再也沒有找我寫過文案。我在悔恨中度過了一段時間，某天猛然意識到，事情已經過去了，繼續後悔毫無意義，自己應該學會放下過去向前看。

過去，我們犯過錯、偷過懶，錯失了很多機會，甚至傷害了親近的人。我們也曾被傷害、被辜負、被欺騙。可是，我們要知道，過去永遠不會再回來了，我們唯一能抓住的就是當下。

泰戈爾的《飛鳥集》中有這樣一句詩：「我將死了又死，以明白生是無窮無盡的。」過去的你，也許錯過了很多，就當過去已經死了吧。夜晚來臨時，人們沉睡、做夢，好像去了另外一個世界。新的一天來臨時，我們可以重新活過來，選擇另一種生活。是認真地過好新生活，還是繼續沉淪在苦海？自己選吧。

CHAPTER 2

掌控不好情緒，如何掌控人生

人生是一連串動態的過程，
情緒也處於變動中，
每一種情緒都有它的作用，
學會認識自己的情緒、接納它，
然後根據現實條件做出選擇。

行動是救命的法寶，
在關鍵時刻可以帶著我們逃離情緒黑洞。

06

你來世間一趟，你要看看太陽

覺察腦子裡喋喋不休的評論家

對生物來說，攻擊力即是生命力。當遇到挫折時，人有兩種反應，一種是怪別人，有一種則將攻擊由外轉內，習慣自己打自己。

你知道什麼是看不見的自我攻擊嗎？

自我攻擊的表現形式分很多種，最常見的是自殘、自虐，最嚴重的是自殺。除了這些容易被發現的形式外，還有一種不易被覺察、經常被忽略的形式，叫作「看不見的自我攻擊」，它對人的傷害非常大。

舉個例子，有一次早上起來，我試穿了一件新衣服，結果在鏡子前卻覺得不好看。我心裏猛地一沉，心情很低落。

我沒有說話，可是大腦卻在高速運轉。腦海裏有個念頭在一直攻擊自己：妳會不會打扮自己啊？妳這麼土，怎麼出去見人啊？別人見了會笑話妳，說妳是個土包子……

這種思維活動非常強烈。其實沒有人批評我，我也沒有動手打自己，可我的內心卻受到了重創，這就是「看不見的自我攻擊」。我們在失敗和不順心時最容易受到自我攻擊。

很多年前，我在做銷售工作時，搞砸了一個專案。回到家，躺在床上，我委屈得飯都吃不下。我在心裏罵自己是個笨蛋，無數個負面念頭在大腦裏狂奔。我安靜地躺著，內心卻在痛苦的深淵裏掙扎。

我們知道自己難過，卻從來沒有深刻剖析過到底是因為什麼，也沒有想過我們的大腦是如何思考的，為什麼別人失敗後可以無所畏懼，而我們失敗後卻先攻擊自己。

潛意識的自我攻擊非常迅猛，它不易察覺，可殺傷力很強。比如一個人想寫作，吃飽喝足了，電腦也備好了，剛起了個開頭，忽然就痛苦地停下，說不想寫了。為什麼？因為他被潛意識裏的自我攻擊控制了。

他的大腦裏有個聲音一直在攻擊他：你寫出來的東西會被人罵的，寫得不好就別寫了……於是，很多人就這樣屈服了。

為什麼會有自我攻擊？心理學家發現，有的人天生樂觀，有的人則天生比較悲觀。樂觀的人，會把更多注意力放在積極的層面上；悲觀的人，更容易關注消極層面。當然，就算是基因相似，不同的人思維方式也有差異。除了基因，人們的思維方式還跟小時候的成長經歷有關。

否定式教育的後座力

說到這裏，不得不提一下英國作家阿道斯・赫胥黎（Aldous Leonard Huxley）的長篇小說《美麗新世界》。

在這本書裏，人在嬰兒時期就會被分成高階層和低階層。高階層的人被告知自己生來就高人一等，低階層的人則被告知應該厭惡鮮花和書本。接受過洗腦教育的低階層幼兒，長大後會心安理得地接受自己所在的階層。他們覺得自己天生就是如此。可實際上，這是人為干預的結果。

說到我們自己，剛出生時，我們什麼也不懂，可是，我們需要了解社會，那怎樣做到呢？只能透過與最親近的人（父母）互動來了解。

一些父母在教育孩子時經常這樣罵他們：「你這個笨蛋，你這個蠢貨……」罵的次數多了，小孩子真的會以為自己什麼都不行。我們可以回想一下，自己小時候是不是也受過這種否定式的教育呢？你父母說你是笨蛋，你就真的認為自己是笨蛋嗎？

要知道，父母說的也不一定對。小時候的我們，因為對世界認識不足，所以很容易被誤導。但是成年以後，我們學習了知識，就會對別人對我們的評價產生質疑，建立自己的認知體系。

除了父母以外，老師、同學、親戚朋友等都會不同程度地影響我們。我有個親戚就經常打擊我：「女娃就是不如男娃，妳學什麼都不行。」身處這樣的環境，我又怎麼能建立起自信？

每個人的內心，都攜帶了全人類的思想和情感

什麼是真正的自己？我們可以從美國作家黛比・福特（Debbie Ford）所著的《接納不完美的自己》中找到答案：

構成人體的每一個原子，都攜帶了整個宇宙的全部資訊。將物質凝聚在一起的各種作用力，在每一個原子中都可以找到。人體每一個細胞的DNA分子，都攜帶了整個生物進化史的全部資訊。

同樣，每個人的內心都攜帶了全人類所有思想和情感的資訊，只要外部條件成熟，任

何思想和情感都可能在任何一個人身上表現出來。只有理解了這種現象，才能認識人生的本質，找到真正的智慧和無限的自由。你在積極和消極兩方面都擁有無限的潛能。

每個人都擁有積極特質和消極特質，只是表現程度不同而已。一說到積極，你會想到什麼？勤奮、勇敢、努力、善良、幽默、樂觀、堅韌……消極呢？拖延、懦弱、虛偽、功利、浮躁、狹隘、自私、狠毒……

我們是否可以試著將自己積極的特質更多地表現出來？這需要你有很強的自省能力和長久的行動力。

重新設定，像打拳一樣主動進攻

我們可以設定自己的命運。就像我，我是一個比較倔強的人，也會脆弱、沮喪，甚至有時想要放棄，但在內心深處，我是不甘認輸的。世間有那麼多的美好，為什麼我不能享有呢？

生而為人不容易。宇宙經過億萬年的進化，才有了我們人類。如果你的生命總是處於萎縮狀態，不去盡力綻放，那多可惜呀。所以每當我想要逃避時，就提醒自己：不要輕易當逃兵，要當一個挑戰者。當逃兵很容易，當挑戰者卻很難，這是勇敢者才能走的路。

為了改變自己，我們要付出行動；只靠說和想，很難有什麼效果。

就拿我來說，最近我遇到了一些煩心事，很無助，不知道怎麼應對。我真的很想逃避，但我知道，這樣是無法解決問題的。於是，我報了一個拳擊班，幾乎每天都去練拳。每次揮拳時，我都告訴自己，遇到障礙時，要像打拳一樣主動發起進攻。正是這種積極的心理暗示，讓我在面對困難時擁有了更大的力量。

我們要在生活中當一個主動的開拓者、挑戰者，盡最大可能為自己設定命運，而不是坐等奇蹟出現。

我相信，你一定可以。

07

我們的大腦裏有一支神奇的特工隊

負面情緒不是敵人

我們不必一直堅強，脆弱時可以哭一哭，傷心、難過、擔憂，都藏著人生的禮物。

有時我特別好奇，為什麼人類會有這麼多種情緒，可以哭，可以笑，可以憂傷，可以憤怒？在看了動畫電影《腦筋急轉彎》後，我對情緒有了更多了解。

女主角萊莉是個小女生，原本和爸爸媽媽生活在美國明尼蘇達州，因為爸爸工作調動的原因，他們舉家搬到了舊金山。面對新環境，她產生了逃避和恐懼心理。

這期間，萊莉的情緒產生了一系列的波動。萊莉的大腦裏有五個情緒小人，它們分別是樂樂、憂憂、驚驚、厭厭和怒怒。

樂樂，活潑開朗，負責萊莉的快樂。當她掌控大腦控制台時，萊莉就會表現得很積極，用樂觀的心態面對人生。

憂憂是一個慢吞吞的憂傷小人，時不時跑出來侵擾萊莉的核心記憶。當她掌控大腦控制台時，萊莉就會傷心流淚。樂樂經常盯著憂憂，生怕她一不小心鬧出什麼「餿主意」。

驚驚負責分析可能出現的危險事物，提前發出警告。但驚驚有時也會虛構危險，對一些並不存在的危險會以為是真實的。

一旦萊莉的生活中出現她不喜歡的事物，厭厭就出現了。比如花椰菜，這是萊莉最反感的食物。每當萊莉吃到花椰菜時，厭厭就會控制萊莉，導致萊莉出現厭惡的神情。

當萊莉受到攻擊和威脅時，怒怒會第一時間掌控萊莉的大腦，讓她做出回應。憤怒時的萊莉會摔東西，會大吵大鬧。

其實人類的情緒不止這五種，還有驚訝、羞愧、焦慮等。電影為了方便我們理解，簡單地將情緒分成了五大類。

真正的我，是可以接納所有的情緒

沒有人不喜歡快樂，大家都希望自己成為一個快樂的人。可我們總是會被其他情緒影響。失去心愛的東西時，我們會難過地流淚；遇到挫折時，我們會恐懼、害怕；被人傷害時，我們會憤怒、發火……情緒小人們輪番上場，我們的心情也就跟著起伏跌宕。作為一個有血有肉的人，我們有豐富的感情，這是正常的。

可是，我們都不喜歡負面情緒，也很難接納它們。

每當我遇到不開心的事情，受到打擊時，就會很難過。這時，大腦裏另外一種聲音就會跑出來指責我：妳看看妳，就這麼個小事，妳有什麼不開心的，能不能樂觀點啊……

當我對未知的危險感到恐懼時，大腦裏另外一種聲音又跑出來指責我：妳能不能淡定點？總是怕這怕那的，妳什麼時候才能強大啊？

我也無法接受自己憤怒的情緒。我認為憤怒會讓自己顯得不夠大氣、不夠穩重：怎麼會因為一點點小事就發怒呢？

愈是無法接納自己的情緒，人就愈痛苦。我希望自己可以一直樂觀堅強，笑對人生，可是這很難做到，因為接納自己的情緒需要智慧。我們總是讚美歡樂，試圖呈現出自己陽光的一面，可歡樂不能代表我們人生的全部。

我有個朋友，他每次在人前都是春風滿面的樣子，總是竭力把最積極的一面展露出來。他的社交帳號上展現的都是美好快樂的一面：健身、談生意、打球、讀書、旅遊，讓人一看就是一個會生活、有品味的人。

因此他有不少粉絲，大家都很崇拜他，經常給他點讚。久而久之，他覺得自己就應該保持快樂，這樣才能得到別人的認可和喜歡。可是，現實生活中的他卻不是這樣的。他也會因為工作遇挫而難過，也會因為生活不容易而悲傷。但是，他無法接受這些負面情緒。他覺得難過讓他不完美，所以他拒絕負面情緒，只想快樂。

偶爾的脆弱，反而讓人際關係更和諧

可是，對我們來說，負面情緒真的是敵人嗎？

五個情緒小人中，樂樂最不喜歡憂憂，可是後來樂樂卻拉著憂憂回到控制台，和憂憂一起調整萊莉的情緒。我們不必一直堅強，脆弱時可以哭一哭、憂一憂，流露出脆弱的一面會讓你的人際關係更和諧。

如果你痛苦時還一直假裝歡樂，那別人怎麼能了解真實的你呢？當你把所有悲傷都隱藏起來，其實也阻斷了求助的可能，你會更加孤獨。

我就是這樣，一直在我媽媽面前裝得很強大，從來都是報喜不報憂。有一天，我媽媽給我打電話，說了一些事情，我心裏不高興，直接告訴她：「我心情不好，我很難過。」我媽媽聽了後立刻停止了嘮叨，開始安慰我……這個反轉讓我十分吃驚。

就像我那個朋友，他一直都表現得很堅強，每次都是他照顧別人，我們從來沒想到他也會難過，也需要安慰。直到有一次，他實在憋不住了，告訴我們他很難過，需要大家陪他一起吃個飯。我們才知道：哦，原來他也會傷心。

每個人都會流眼淚。當負面情緒出現時，它其實是在提醒我們，也許我們需要做出改變。負面情緒不是我們的敵人，適當的負面情緒可以讓我們更好地掌握人生。

當然，我們也要注意，過度的負面情緒會限制我們的人生。比如在《腦筋急轉彎》裏，驚驚和怒怒總是虛張聲勢，把一些普通的事情解讀成可怕的事情。我們要做的，就是不要讓負面情緒打亂我們正常的辦事節奏。

我們有時候會遭遇一丁點小困難，也許困難並不大，但心理上的恐懼卻讓我們不敢前進。如果總是恐懼，我們會失去很多成長的機會。

當我們憤怒時，整個大腦充滿了怒火，行為會處於失控狀態。這時我們尤其要小心，不要做出讓自己後悔的過激行為。

我們追求的平靜、喜樂的狀態在現實生活中也許很難達到，因為人活著總是會面臨各種各樣的事情，情緒也處於變動中。但我們要知道，每一種情緒都有它的作用，我們要學會認識自己的情緒，接納自己的情緒，然後根據現實條件做出最合適的行為。

08 你今天大笑了嗎？

嘴角失守的力量

對哈哈大笑最沒有顧忌的是孩子，他們不會偽裝，也沒必要偽裝。在嘻嘻哈哈的笑聲中，跟上天的能量又連上了線。

每當我在生活中獲得一點成就時，就很想開心一下，想要大笑或者手舞足蹈，鼓勵一下自己。可馬上就會有一個聲音跳出來指責我：妳有什麼資格快樂？取得這點成就有什麼好驕傲的？難道忘了自己失意時狼狽的樣子了嗎？……然後，我就會收斂很多，努力克制情緒，保持平靜，喜怒不形於色。

上國中時，讀范仲淹《岳陽樓記》裏的名句：「不以物喜，不以己悲。」老師對此推崇備至，要我們好好體會。此外，我們學習的《菜根譚》中有「閒看庭前花開花落」，這也是追求含蓄寧靜之美。

以前，我也嚮往這樣的境界，想做一個不輕易動感情、不輕易表露自己心聲的人。可是，我還是希望自己能多一些哈哈大笑的時候。

大笑，是我們天生自帶的財富

對於人們來說，最受歡迎的笑是微笑，因為它是一種非常有力量的表達方式，是一種傳染性極高的行為。TED演講中有一個影片，講的就是「微笑背後隱藏的力量」，裏面提到經常微笑的人更積極樂觀，壽命更長，也更容易獲得成功。

有人在地鐵裏拍了一個影片，影片裏，第一個人先是莫名其妙地大笑，不一會，很多人都跟著笑了起來，非常神奇。看這樣的影片，相信你也會不由自主地笑起來。這個哈哈大笑的影片，我看了很多次，每次看著看著，都會跟著一起哈哈大笑，笑完以後感覺心情舒暢。

對哈哈大笑最沒有顧忌的是小孩子，他們看一部動畫片會笑個不停，看見大人滑稽的模樣也會笑。他們不會偽裝，也沒必要偽裝。成人就不一樣了，基本上，每個成年人在社交行為中都不得不帶著「面具」示人。

記得有一次我去參加聚會，聚會上有大人，也有小孩。幾個小孩子吃飽喝足後圍在一起玩「蘿蔔蹲」的遊戲，玩得不亦樂乎，時不時爆發出響亮的笑聲。有個家長也被拉進去一起玩，看得出來他很開心，但是好像不敢笑，一直憋著。當時，我很想跟他說：「你就完全放開哈哈大笑一次，這機會多難得啊！」

在我的記憶裏，笑得最開懷的一次是在一堂高中英語課上。當時，老師講著講著發現大家都打起了瞌睡，於是放了一個豆豆先生的影片。這個影片很歡樂，全班同學都看得哈哈大笑，有的甚至開心得直拍桌子。

然後，老師接著講課，卻再沒人打瞌睡了。那時，大家都還沒有手機，無法從別的途徑看豆豆先生，所以都很期待上英語老師的課。老師用這種方法不僅給我們帶來了歡樂，還大大提高了課堂效率。

多看喜劇，結交幽默的朋友

和幽默的人在一起，我們也會哈哈大笑。他們會出其不意地開玩笑、甩包袱，用一個又一個段子給大家帶來快樂。所以我們要多結交幽默的朋友，和他們在一起，人的心態都會年輕不少。通常，這樣的人在聚會時是焦點人物，其身邊總會圍著一群人。

當我們發自內心地哈哈大笑時，心情也會變得愉悅而歡樂，這就是積極情緒。積極情緒對我們有什麼用處呢？正如正向心理學家芭芭拉·弗雷德里克森在她的書《積極情緒的力量》中所講的：

積極情緒可以擴展你的視野，帶著積極情緒，你的思想和行動將更加自發地浮現出來，你更加擅長設想前景和雙贏的辦法，你變得更善於建立持久的關係，給人帶去友善而不是怨恨。

當我們大笑時，身體也是舒展的、活躍的。我們心跳加快，手舞足蹈，肌肉得到放鬆。對我們的健康來說，這是非常有好處的。

想一想，如果我們遇到兩個人，一個看上去滿面苦澀，另外一個則滿面笑容，我們更願意接觸哪一個呢？當然是後者。即便是小嬰兒，你要是帶著笑臉去跟他互動，他也會對你笑。可如果你滿臉凶相地和小嬰兒互動，他很快會被你嚇哭。

人們更喜歡那些愛笑的人，這是與生俱來的本能。一個經常開懷大笑的人，會活得快樂而愜意，也有更多人願意跟他做朋友。

大笑既然這麼迷人，那我們要怎麼做才能經常哈哈大笑呢？

去聽脫口秀。我很喜歡脫口秀，它是一種幽默的語言藝術，再加上演員的動作表演，很容易激發觀眾大笑。北京有很多脫口秀表演，三里屯的酒吧、南鑼鼓巷的咖啡店，都有脫口秀表演。講得好的脫口秀，可以讓人忘卻煩惱，在歡樂的大笑中度過一個愉快的夜晚。

我們也可以多和幽默的人交朋友。和幽默的人一起吃飯、玩耍時，他們會時不時冒出一些金句，讓我們哈哈大笑，他們就是我們的開心果。

我們還可以多看喜劇，比如卓別林和周星馳的電影。在大笑之餘，我們還能思考一下人生，可謂一舉多得。

09

情緒低落時如何保持行動力？

行動可以逃離情緒黑洞

心情不好時可以整理東西、打掃房間、洗衣服、把該扔的東西扔掉……人是需要做點事情，產生自我效能感的生物，否則就會被無助感包圍。

很多人都有過這樣的經歷：心情沮喪時，什麼都不想做，只想躺在床上呼呼大睡，結果愈躺愈難受。

心情不好時，帶著不好的心情做事，事情常常會辦不好。因此有人說，心情不好時要停下來，安慰安慰自己，等心情好了再說。

所以，我在心情不好時拒絕做一切事情。我天真地以為心情會慢慢好轉起來，可後來發現這樣做不行，因為應按原計畫完成的事情愈積愈多，時間都被耽擱了。

想到一大堆事在等著我解決，本來就沮喪的心情更加沉重了，甚至還產生了一絲絲恐懼。我在痛苦中輾轉反側，發現所謂的「等心情好轉了再幹活」這種說法並不可靠。

情緒能影響行動，但行動能真正改變情緒

有一次，我與別人產生了矛盾，心裏很難受，想找個地方大哭一場，緩解一下心中的苦悶。

正想哭呢，一個緊急的工作任務來了，長官要求我馬上完成。我只好強忍住眼淚，全身心地投入到工作中。我為了那個任務加班到凌晨，完成後特別累，臉都沒洗就睡了。第二天起床時，我突然想起來，昨天晚上還沒哭完呢，但現在我已經哭不出來了——彼時傷心難過的情緒隨著我的行動已經被消解了。

所以，心情不好時，沒必要被動地等待。我們可以試著行動起來，不要指望情緒推動行動，而要努力讓行動改變情緒。

心理學家大衛·伯恩斯談到憂鬱症患者的思維時說，憂鬱症患者總以為先有動力才能行動，這種思維是片面的。很多時候是行動在前、動力在後。

也就是說，你本來對某件事不感興趣，不想去做，可如果你努力嘗試一下，動力隨後

就來了。

我曾經和一個叫王永的健身愛好者聊過，我很羨慕他，問他是怎麼做到一週能去健身房好幾次的，因為我沒有動力去健身——太累了。

王永說，其實他也不想去。他每次看著教練安排的訓練表，心裏就膽怯。加班一天回到家，還是躺在沙發上喝著冰可樂、看著電視劇更爽，誰想去健身，健身多痛苦啊！

但是，他又想，報健身課程花了那麼多錢，不去太可惜了，於是他就強忍著內心的掙扎和煎熬，換好運動服，去健身房接受教練的「無情摧殘」。

當他在教練的指導下專心投入訓練時，神奇的事情發生了：他的心情愈來愈好，健身讓他感到快樂。等訓練完畢，他的心情簡直可以稱得上是興奮，成就感滿滿。至於之前的掙扎、糾結，已經不翼而飛了。

王永後來掌握了這個心情規律，下次再去健身時，不管心情怎樣，先換好衣服去健身房再說。

我們的情緒隨時都在變化，一天之中，心情起起伏伏，莫名其妙地開心、難過，捉摸不定，有時根本不受控制。可是，我們不能因此就成為心情的奴隸，我們要拿回掌控心情的主動權。

有一次在家裏，我戴隱形眼鏡，結果沒有戴好，兩個戴反了。我只好取下來，又一次折騰才戴好。我很生氣，心情低落，什麼都不想幹了，只想躺在床上睡覺。

可理智告訴我，不能就那麼躺著，我得做點什麼才行。我去洗衣服、掃地，然後準備下午做一個剁椒魚頭。忙活一陣後，我心情好轉不少。

我給自己總結了一個小方法：心情不好時可以做一些事情，例如整理東西、打掃房間、洗澡洗衣服、把該扔的東西扔掉……之後，心情就會變好。

人是需要成就感和自我效能感的生物，如果沒有這些，我們就會被無助感包圍，什麼都不想幹。所以，如果再遇到難題，我們不要一個勁鑽牛角尖，可以先做點其他輕鬆的事情，獲得一點成就感，然後再繼續破關。

萬事起頭難，撐過去就成功了一半

有時我們迫於外界壓力，即使心情再沮喪，還是會做一些事情。等到真正行動起來，你會發現沮喪的情緒慢慢減輕了，你以為無法控制的情緒，其實是可以改變的。

比如說寫作這件事，很多人剛開始寫時，內心哀怨糾結，擔心寫出來的文章沒法看。

可如果你堅持寫下去，到後面就會愈來愈順利，寫得停不下來，寫得很快樂。你也不再擔心寫得好不好，只想沉浸在文字中，把想法表達出來。這就是行動的力量，它把我們的心情不知不覺地做了調整。作為一個長期寫作的人，我經常能夠體會到這種感受。

當你躺在床上拒絕行動時，會覺得自己什麼都做不到，一個勁地自責抱怨。可一旦爬起來開始做事情，哪怕是非常簡單的事情，你的心情也會馬上隨之改變。

行動才是改變情緒的法寶，心情不好別害怕，再難過也要試著做點事情。

英國著名心理學家克萊兒·維克斯（Claire Weekes）曾寫過一本書——《精神焦慮症的自救》，她在書中談到的關於情緒和身體之間關係的內容讓我受益匪淺。她說，有時人感覺疲憊，其實只是情緒的疲憊，而並不是身體勞累。這時候，並不適合長期休息，而應該找點事情做，這樣情緒疲勞反而會得到緩解，身體肌肉也會得到鍛鍊。

有的憂鬱症患者長期待在家裏，其實那樣對於緩解症狀不會有任何好處。克萊兒·維克斯會建議此類患者出去找些事做，這樣反而能夠讓病情好轉。

心情不好時，我們還可以借助其他方法調整自己。我們可以尋求親人或者朋友的情感支援，保持基本的生活規律。我們還可以經由寫作抒發情感，做點力所能及的事情。

行動是救命的法寶，它可以帶著我們逃離情緒「黑洞」。

如果你憂鬱到木僵狀態（指一種高度的精神運動性抑制狀態，並經常保持一種固定的姿勢），沒有任何行動力，就要勇敢求助，讓家人或者朋友帶你去看醫生。如果只是情緒低落，但行動力尚存，不妨做點事情。人這方面的自癒能力是超乎想像的。

在我的書桌上方貼著正向心理學家塔爾．班夏哈（Tal Ben-Shahar）對寫作看法的紙條，他是這麼說的：「我每天早上寫作，不會等有靈感，不會等有意願。寫作時前五分鐘很痛苦，也許等五分鐘、十分鐘後才有動力寫。先行動，才有靈感或者動力。有時生活會很艱難，會很有挑戰性。只有通過行動，人才會變得更加有動力。」

每次我有所懈怠時，就抬起頭，看看這段話。它為我增添了力量和勇氣。

10

控制憤怒，做一個理性的人

認識理性情緒行為療法ABC

有人覺得憤怒一定要發洩出來，不然憋著難受，別人也會覺得你好欺負。也有人認為要學會忍耐，不能隨便發火。但，其實還有第三條路。

在生活中，我們心情愉快時表現出來的行為受人喜歡，而憤怒時表現出來的行為可能就不那麼優雅了。很少有人在心情不佳時還能做到溫潤如玉——除非是修養很高的人。

我們憤怒時，表現出來的是什麼樣子呢？有人怒吼，有人破口大罵，有人打砸東西，有人對他人使用暴力……

憤怒一旦來臨，便如火山爆發，勢不可擋。有的人會審時度勢，克制憤怒；有的人無法克制，不顧及自己的形象當即發洩怒火。

記得在一次聚會上，一位朋友帶來了他新交的女友。吃飯時，服務員在端菜時不小心把菜湯滴到了她的手機上，還沒等服務員反應過來，這女生立即破口大罵。服務員連忙道歉，說幫她貼一個新的貼膜。這女生不聽，繼續說了一些在旁人看來跟她的形象完全不符的髒話，讓我們一桌人面面相覷。

朋友一看，覺得面子上過不去，就讓服務員先走了，對女友說等會兒去換個好看的貼膜。這場小小的風波總算平息了，大家開始吃菜。

剛吃沒多久，那女生發現自己的名牌口紅丟了，又開始抱怨起來。她很生氣，說自己的口紅是在國外買的，非常貴。朋友趕緊說再給她買一個，女生才停止了喋喋不休。大夥兒雖然心裏都有點鬱悶，但都沒說什麼。女生吃菜時，也許是心裏有氣，連拿筷子和放水杯的動作都帶著氣，臉上本來漂亮的眉毛擰到一起，看著讓人生厭。我心裏不舒服，菜也吃不下去了。

那頓飯大家都吃得不開心，本來說好吃完飯一起去唱歌的，結果誰都沒心情去了，早早散了夥。

那女生在發火時完全不顧及周圍的人，自然引起了別人對她的反感。而她留給別人的第一印象也很糟糕——不懂得控制憤怒，最後受損失的只能是自己。

憤怒爆衝，傷人也傷己

最常見的憤怒還經常發生在塞車的時候。人們常說，想了解一個人的性格，最簡單的方法，就是看其在塞車時的表現。很多開車的人都有「路怒症」，這種症狀在塞車和被人超車時表現得最為明顯。

我曾經坐過一位男性友人開的車，他的舉止讓我大跌眼鏡。別人超他車時，他就用怒罵回敬，還試圖跟人家搶車道。塞車時，他會一直狂按喇叭，口中抱怨不斷，搞得車上其他人心情不佳。走錯了路，他更是罵聲連天。坐他的車就是一種煎熬，讓人在途中有跳車逃離的衝動。

憤怒來臨時，如果我們掌控不好，會出現什麼樣的後果呢？有新聞報導過這樣的案例：

一位女士在火鍋店吃飯時，因服務員上菜遲了，憤怒地罵了服務員，還拍照發上網。後來，服務員端起滾燙的開水潑到了那位女士頭上。女士被緊急送往醫院，而服務員則因故意傷害罪被警方逮捕。在這起事件中，兩個人都用了不恰當的方式表達憤怒，最後的結果當然是兩敗俱傷。

憤怒來臨時，到底應該怎麼辦？是義正詞嚴地說理，還是毫無邏輯地謾罵？是隨手打砸東西，還是控制自己的行為合理表達感受？

信念認知，決定了你的情緒和行動

有人說，憤怒一定要發洩出來，不然憋著難受，別人也會覺得你好欺負。也有人說，人要學會忍耐，不能隨便發火。心理學家阿爾伯特．艾利斯在《控制憤怒》一書中談了他的看法。

阿爾伯特．艾利斯認為，不管是直接發洩憤怒還是間接發洩憤怒，不僅不會減輕憤怒，而且會損害健康。因為憤怒時，我們的身體會發生生理變化，神經處於「應戰」狀態，很有可能導致動脈損傷。

那憤怒時暫停可以嗎？阿爾伯特．艾利斯認為，這也不是個好辦法。因為暫停憤怒從長遠來看負面情緒並沒有太大改變。

那我們應該如何控制自己呢？阿爾伯特．艾利斯給出了一個充滿智慧的建議：情緒失控時，用理性情緒行為療法控制自己。

他認為，我們之所以會憤怒，其實和外部事件沒有太大關係，而是我們自己的看法造成的。這樣的說法和我們平時的看法區別真的很大。我們總以為自己會憤怒是因為別人欺負了我們，對我們不公平。現在看來，這種看法未必正確。

在理性情緒行為療法中，有一個ＡＢＣ理論。

A：是指誘發事件（Activating Event），比如說，你在餐廳吃飯，服務員上菜慢了，這就是一個誘發事件。

B：是你的信念（Belief）**體系、思維方式**，拿上面的例子來說，就是你如何看待上菜慢這件事。如果你認為服務員很可恨，故意給你上菜慢，你就會憤怒。如果你認為吃飯的人多，廚師們做菜需要較長時間，所以服務員上菜慢，你就能夠理解他們。

C：指的是情緒或行為結果（Consequence），也就是你最終呈現出來的狀態：要嘛保持平靜，要嘛發怒，甚至出手傷人。

同一件事，人們的想法不同，呈現的結果就不同。在餐廳吃飯，有的人只要服務員動作稍微慢一點，就會怒火連天，恨不得把服務員揍一頓。有的人呢，則會氣定神閒地和服務員溝通，不會發火。

人和人之間，為什麼會有這樣的差別呢？這是因為人們對事情的看法不一樣。有的人會採取理性信念，有的人則會採取非理性信念。也就是說，ＡＢＣ理論中的Ｂ決定著我們的情緒和行動。

如果服務員上菜慢，你又很想吃這家飯店的菜，站在服務員的立場考慮，覺得其未必是故意拖延，這採取的就是理性信念。你會和服務員好好溝通，確認一下上菜時間，這樣也許會有些失落，但不會出現情緒失控的情形。採取非理性信念則相反，你會覺得服務員素質太差，恨不得大罵他們一頓，再掀桌子離開——這樣的話，很可能會導致嚴重後果。

在現實生活中，當憤怒來臨時，我們很難做到理性思考，但我們可以訓練自己朝著這個方向努力。我們可以多分析自己的思維，看看究竟是屬於理性信念，還是屬於非理性信念。

如果不夠理性，那我們是否可以做出一些改變？在不斷的練習中，我們的情緒控制能力一定能得到提高。

11 打開心靈枷鎖，看更美的風景

覺察魔咒，人生才能解鎖

每個人或多或少都有心理障礙，渴望嘗試，卻給自己設限，遲遲不敢行動，甚至不敢靠近別人，生命因此虛度。

電影《心靈捕手》中，麥特．戴蒙所飾演的主角威爾是麻省理工學院的清潔工，在打掃衛生之餘，他會偷偷解算列在黑板上的方程式。藍伯是麻省理工學院的數學教授，他在課堂上給學生留了作業：解算傅立葉方程式。這個方程式很難，藍伯教授並不指望有人能快速解出來。但沒過兩天，學生們就在走廊的黑板上發現了解答步驟。

教授很震驚，後來，他知道是清潔工威爾解算的，於是就有意輔導威爾學習。

但威爾的性格有些問題——他是一名孤兒，先後被送到五個家庭寄養，在有些家庭甚至還受到過虐待，這樣的經歷導致他有一些心理問題。長大後，他經常和朋友廝混在一起，喝酒打架，還時不時鑽法律漏洞，把法官氣得心裏直冒火。

藍伯教授請來幾位心理醫生為威爾做心理治療，可那些醫生都被威爾氣跑了。無計可施的藍伯教授只好去找他的朋友——羅賓．威廉斯飾演的心理學教授西恩先生。

西恩一開始也遭遇了阻力，威爾根本不配合他的治療，甚至故意激怒他，說他娶錯了妻子。實際上，西恩教授的妻子早已經因病離世了。威爾的刻薄並沒有讓西恩退縮，他包容、接納了威爾的一切消極行為，甚至可以和他面對面坐著一句話不說，且一坐就是一個多小時。

枷鎖，來自過往的傷痛

在治療威爾的過程中，劇中幾位主角的心理矛盾也一一浮現出來，原來，他們每個人的心靈都帶著枷鎖，與其說他們在治療威爾，不如說威爾同時也在治療著他們。

這幾個人之中，威爾的枷鎖是最沉重的。他有著驚人的天賦，可是並沒有好好發揮。為了不被朋友們拋棄，他放棄藍伯教授為他爭取來的面試機會，跑到工地上和朋友一起幹活。

他在酒吧認識了在哈佛大學讀書的女生史凱拉，女生被他的才氣所打動，二人成了戀人。當史凱拉要去加州醫學院讀書，並邀請他一起去加州時，威爾害怕了。他認為史凱拉對他不是真愛，只不過是把他當作底層小人物戲耍一番，她最後還是會嫁給有錢人。這樣的推斷讓他害怕，於是，他逃跑了。

西恩教授在治療過程中發現了威爾在親密關係中遇到的困惑，他對威爾說了這樣一段話：「你不完美，你認識的女生也不完美，問題是你們是否完美地適合彼此——親密關係就是這麼回事。」

威爾對史凱拉的看法，是一種武斷的貼標籤的行為，這是威爾的心靈枷鎖使然。而在現實生活中，內心帶著這種枷鎖的人還真不少。

我有一個「閨密」，她在大學畢業那年認識了一位男生。那個男生風度翩翩，品貌俱佳，對她很關心，還幫她找工作、找房子。後來，閨密偶然知道了男生是富二代，他的父親是某集團公司的董事長，男生畢業後會進入家族公司工作，成為公司接班人。

閨密覺得富二代男生只是因為無聊找樂子才追求她的，於是，她中斷了和那個男生的交往。她對我說，富二代都是花花公子，自己招惹不起。那男生突然被拋棄，想知道原因，就托人來問是不是自己哪裏做得不好，讓閨密生氣了。

閨密說那個男生在追求她的過程中一直非常尊重她，沒有任何輕佻之舉。她只是因為自己的原因而拒絕了他，而且拒絕得很徹底。

多年以後，在一場飯局中，大家又聊起了那位男生。出人意料的是，大家都在誇讚他，說他很優秀，沉穩大氣，非常自律，而且對老婆特別好。原來，那個男生並非我閨密以為的「花花公子」，他的妻子也不是門當戶對的大家閨秀，而是跟閨密一樣，是普通人家的女孩。

閨密心上的這道枷鎖，其實來自她的母親。她母親經常說：「不要和有錢人家的孩子走得太近，他們會看不起妳；不要找長得帥的男娃，他們容易變心。」閨密也不反抗，甘願帶著這樣的枷鎖生活。美好溫暖的感情，在她看來是一種奢望。

我們愛一個人，到底是愛他的全部，還是只愛他優秀的一面？如果你發現心中完美的他有瑕疵和缺點，你還會愛他嗎？

除了少部分天生快樂的人，我們大部分人或多或少都有心理方面的障礙，我們給自己設限，我們畏手畏腳……我們渴望嘗試，卻遲遲不敢去行動；我們渴望愛，卻不敢靠近他人。

很多時候，我們活在自己編織的牢籠中，生命因此萎縮。

意識到枷鎖的存在，就要想辦法打破魔咒，只有這樣，我們才能體會到真正的成長。

CHAPTER 3

有目標的人更容易擺脫無力感

沒有一個金句適用於人生每個階段，
沒有一位精神導師能永遠契合你的價值觀，
依賴金錢、偶像註定迎來幻滅。

只有不斷探索、思考與選擇，
才能發現自己的人生之路。

12

賺到多少錢才有資格快樂？

能感受快樂的是你的心，而非你賺的錢

如果擁有名車豪宅、巨額存款，才有資格追求幸福的話，那世上百分之八十的人都過著暗無天日的悲慘生活。

昨天，一位小學妹給我發訊息，說自己感覺非常委屈。她在社群上看到有個人發評論說月薪三千元人民幣的人沒有未來和希望。那人還說，窮人就不應該享受生活，應該以貧窮為恥，把努力賺錢當作第一任務。那個人認為：「作為一個窮人，你有什麼資格快樂？」

小學妹看到這段話，感覺被深深地刺痛了，因為她就是那個人所說的窮人：她剛畢業，月薪不到三千元人民幣，還在實習期，和同學合租一間寢室，生活捉襟見肘。

小學妹本來並不認為自己活得恥辱。雖然工資低，但她並沒有屈服於現實。平時上班她努力工作，下班後抽時間學習，有時會和同事去逛街、看電影，在書店看到好書也會買回家閱讀。在沒看到這段評論之前，她覺得生活充滿希望。

她是個農村孩子，知道金錢對一個人生活的重要性，也知道年輕人應該把重心放在事業發展上。可是，工作固然重要，可她也不想錯過生活的精彩，不想只當工作狂。所以，那個人說窮人沒有資格快樂，深深刺痛了小學妹的心。

她問我：「我現在賺錢少，我貧窮，可為什麼貧窮就沒有資格快樂呢？難道我每天必須愁眉苦臉地活著，才符合人們對窮人的想像嗎？學姐你告訴我，我究竟要賺到多少錢，才有資格快樂？」

她的疑問，我無法用簡單的一兩句話來回答，因為我也在這個疑惑中掙扎過。

快樂需要資格嗎？

必須擁有某種東西，你才有資格快樂。

我們從小就接受了這個觀念。父母告訴你：「你必須考第一名，考滿分，我才會帶你去公園玩，給你買喜歡的玩具，否則，你就要接受懲罰。」老師告訴你：「必須考到前幾名，才能給你發獎狀……」

我小時候經常得獎狀，但我有個小夥伴，幾乎從沒得過獎狀。他喜歡玩，玩的時候還特別有想法。而且他為人仗義，經常幫助大家，我們都喜歡跟他玩。

有一年放暑假，我照例領了獎狀，然後和小夥伴們去河裏逮魚捉蝦，玩得不亦樂乎。暮色降臨時，小夥伴的媽媽找了過來，看見他就是一頓打，罵他臉皮厚，沒有得獎狀竟然還好意思出來玩，讓他回去寫作業。

小夥伴被打得哇哇大哭，說他是作業寫完了才出來的，可他媽媽就是不聽。最後，他只能可憐巴巴地跟著媽媽回去了。剩下我們幾個人也沒心思繼續在河邊玩耍了。

我的心情異常沉重，被恐懼籠罩著，感覺如果下一次我得不到獎狀，是不是也沒資格玩耍了？

長大後我才發現，在這個世界上，大家似乎都默認了我們必須擁有一些東西才能獲得他人認可，才有開心的資格。如果什麼都沒有，你還敢快樂，那你就是個沒有羞恥心的人。在這種遊戲規則的支配下，我活得很努力，可快樂也離我很遙遠。

我努力工作，一心想著要成為公司業績最好的人。因為每次回老家，各路親戚總是會問我賺了多少錢：如果賺得多，他們就會誇我；如果賺得少，他們就覺得我能力不行。

那時的我和小學妹有同樣的困惑：「一個人究竟要賺到多少錢才有資格快樂？才能揚

眉吐氣？」

人們關於金錢的比較無處不在，好像只有擁有很多錢，站在食物鏈的頂端，才有資格喘口氣、笑一笑。不然的話，你就是個魯蛇，不配快樂，很多東西你也不配追求。

如果說，一個人必須擁有名車豪宅、巨額存款，才有資格追求幸福的話，那估計世界上百分之八十的人都過著暗無天日的悲慘生活。

因為根據二八定律，這個世界百分之二十的有錢人擁有百分之八十的財富。若是照這個邏輯分析，似乎只有這些有錢人才有資格快樂。

有一次我辭職了，然後一直沒找到工作，感覺很迷茫。那期間，我見到了一個老同學，當得知我在「思考人生」時，她給我上了一節課。她說：「妳一個農村孩子，不抓緊時間賺錢，還優閒個什麼勁？」

我問她：「那我們要賺多少錢才能優閒一下？」這問題把她問住了，她說不知道，好像不管賺多少錢都沒辦法放鬆自己。

有一天，我在商場裏花一百九十九元人民幣買了兩個包，很喜歡，特別開心，就發了社群分享快樂。結果有個人評論：「這麼便宜的包，值得妳這麼開心嗎？」當時，我感覺就像一盆冷水澆到了頭頂。便宜的包就不能讓人快樂嗎？不能否認，金錢可以帶給我們很多東西，比如安全感，「買買買」時的快樂，為朋友、家人付帳的幸福感，入住豪華酒店時的愜意……可是，如果我們現在所賺的錢達不到某個標準，就必須活得很壓抑嗎？

如果我們一直沒能擁有名車豪宅、巨額存款，我們就只能低著頭生活嗎？我們就必須痛苦一輩子嗎？我們的快樂只能由金錢來決定嗎？

用心感受小幸福，毋須花費

金錢帶來的人生快樂只是其中一個方面，那些賺錢多的人未必有想像中那麼快樂。

我認識一個設計師，他非常富有，是標準的工作狂，平時不是在加班就是在開會。他什麼都不缺，經常住五星級酒店，在米其林餐廳吃飯，參加各種高級宴會。我們都很羨慕他。可是，他卻說自己很孤獨，被憂鬱症困擾。他覺得自己賺錢不少，卻沒人可以分享，不知道賺錢有什麼意義。

反倒是那些在我們看來貧窮的人，活得卻很快樂。比如，我的另一個小學妹，她的月薪也不高，卻活得十分灑脫愜意。她對待工作和生活都很認真，對待朋友十分真誠。最重要的是，她能體會到日常生活的「小歡喜」。

雖然租住的房子很小，可她會把房間整理得乾淨整潔，偶爾還會買些花點綴一下；沒錢去名貴的景點旅行，和好朋友一起去公園野餐也很開心；沒錢報昂貴的培訓班，她就報了線上課程，享受學習的快樂；不能給父母買貴重的禮物，可她經常回家陪父母，給他們做他們喜歡吃的飯菜……

這些小幸福、小快樂，在那位有錢的設計師看來是不值一提的。因為他想不明白，為什麼一個人賺錢那麼少，卻能活得那麼開心。

是的，他也覺得，賺錢少的人沒資格快樂。當年他窮的時候，一直埋頭工作，從來不去玩。本來有個女生喜歡他，可他覺得對方條件太好，自己配不上人家。他現在有錢了，可還是體會不到真正的快樂。就算找了女朋友，也沒空陪人家，最後只能以分手結束。

和他相比，我倒覺得上面這位小學妹更有人生智慧。我們賺錢的目的是什麼？不就是為了更好地享受生活嗎？金錢是工具，可以讓我們更好地享受。可如果我們被金錢捆綁，連快樂都體驗不到，那是不是有點捨本逐末了呢？

有沒有資格快樂，不應該由金錢多少來決定，而應該由你自己的想法來決定。如果你認為自己必須成為世界首富，你才有資格快樂，那這一生你都會在掙扎中度過。

快樂不需要別人給予，當下就可以體驗快樂。只要認真生活，就可以體驗生活的美好，就能感受到快樂。

13

人生應該做減法

掙脫束縛，找回初心

小時候，老師讓大家上台表演鴨子走路，我第一個上去表演，從沒想過大家會笑話我。為何隨著年齡增長，怕東怕西，限制愈來愈多了？

如果我說，人生要做減法，你一定會覺得很奇怪吧？

人生不是要做加法嗎？所有人都在拚命地學習新事物，找好工作，去更多地方遊玩，認識更多的人……大家都在拚命地往自己身上增加頭銜、工作經驗、財富、地位、人脈……這些東西不都是愈多愈好嗎？

可我今天想說的減法，指的是我們要掙脫更多的心理束縛。

幼年時，我們為了學走路和說話，會摔好多次跤，會發出模糊不清的音調。在那時的我們不會顧及別人的目光，摔倒了就爬起來繼續往前走，說話音調不清也沒人笑話我們。

但是成年後，很多人卻變得愈來愈膽怯，很少有人能不顧忌別人的目光去做自己喜歡的事情。我們總是害怕失敗，害怕被別人嘲笑……我們常常帶著一副沉重的枷鎖在生活。

我學過拉丁舞，剛開始就是一個人跟著老師跳，學習最基礎的動作。基礎動作學會後，要找舞伴配合，學習舞蹈套路。大家都開始挑選舞伴了，我卻站在那裏不敢動彈。

我擔心自己跳得難看，讓舞伴難堪，所以不敢行動。到最後，別人都找好舞伴了，只有我沒有。後來，每次練舞時，我都是一個人在那裏亂比劃，場面特別尷尬。教拉丁舞的老師實在看不下去了，就親自帶我。

老師親自帶我，我更加緊張了，愈緊張就愈容易出錯。我老是踩到老師的腳，老是在意別人會不會看我的舞蹈姿勢是否優美，結果根本沒有把注意力放在自己身上。

到後來，好不容易把一個套路學習完了，然後是自由搭配練習。由於我一直擔心自己跳得難看，所以每次跳舞時總對舞伴說：「對不起，我跳得不好。」

你看，當時的我就是這麼沒有氣勢和自信。

沉重來自顧忌外在的目光

一個男生跟我跳過後說：「妳跳得挺好的，就是缺乏一點氣勢，妳太在意別人的目光了。」拉丁舞培訓很快結束了，我一直記得那個男生說的話。換做別人，可能會更加努力去練習。我卻因為害怕別人的目光，再也不敢去學了。那些束縛著我的恐懼，使我裹足不前。

我還學過電子琴，但卻是跟幾個小學生一起學的。剛開始練琴時，我的指法錯了，老師就過來糾正我。其實，那是善意的指導，而我卻以為是自己沒有天賦，不適合學琴，所以勉強學了幾節課後，就沒有繼續下去。

剛開始學習新東西時，人是很容易犯錯的，而我卻因為太在意外界的看法，始終是淺嘗輒止。

背負著擔子前行，行動起來就不會輕鬆愜意，總是會瞻前顧後，無法把注意力全部放在自己身上。

小時候，有個親戚家的小女生到我們家玩。當時，電視上正在播放一首歌曲，那小女生大聲跟著唱起來。其實她唱得有點走調，可她並不擔心，還是唱得很投入、很開心。我很羡慕她，可我不敢唱，我生怕自己唱得難聽被別人笑話。後來我和朋友去KTV唱歌時，我也不敢唱得聲音太大，怕別人聽見我唱歌走調。

如果我們可以戰勝對失敗的恐懼，輕鬆上路，專注前行，那該有多好啊！

心理學家塔爾．班夏哈在《哈佛幸福課》中講了這麼一個故事：

曾有人問米開朗基羅：「您是如何創造出《大衛》這件作品的？」

米開朗基羅回答：「很簡單，我去了趟採石場，看見一塊巨大的大理石。我從它身上看到了大衛，鑿去多餘的石頭之後，《大衛》就誕生了。」

這個故事讓我開始思考自己的人生。

放下擔憂，更易全心投入

小時候，我們摔倒了不會害怕別人的嘲笑，而是馬上爬起來往前走。老師讓大家上台表演鴨子走路，我第一個上去表演，把大家逗得哈哈大笑，從沒想過演得不好大家會笑話我。可為什麼隨著年齡的增長，我怕這個怕那個，給自己的限制愈來愈多了？

後來我總結過原因，也許是隨著年齡的增長，接收到的外界影響增多了。比如，事情搞砸了被大人責罵，被老師訓斥……漸漸地，就對失敗產生了強烈的恐懼感，然後發展成

「只能成功，不能失敗」的觀念。

可人生哪有那麼多如意的事情呢？每一次新嘗試都有可能遭遇挫敗。如果你害怕挫敗，什麼也不敢嘗試，那這一生還會有什麼成長？我去拳館學拳擊時，總是不敢出拳，怕出錯，怕難堪。教練就鼓勵我：「打吧，如果打得不對，我會糾正妳。」在教練的鼓勵下，經歷無數次錯誤後，我終於掌握了正確的拳法。

我發現，當我不再擔心出錯，不再擔心別人的嘲笑時，我的注意力會更加集中。當我全身心地投入到當下正在做的事情上時，做事的效率會提高，心情也會變好。一個人不管做什麼事情，都有可能犯錯，也會被別人嘲笑。你看那些非常優秀的人，比如大作家、著名科學家、明星、總統，不管他們地位多高、名氣多大，他們也有失敗的時候。

在這個世界上，想找一個沒有經歷過失敗、挫折的人幾乎不可能。想學習新事物，掌握新技能，就無法避免失敗。失敗了就繼續努力，尋找新的方法。那些嘲笑我們、扯我們後腿的人，就盡量「封鎖」他們吧。

每個人都擁有巨大的潛能。當我們減掉內心的精神負擔，卸下對失敗的恐懼時，這些潛能就會更好地發揮出來。希望每個人都可以為人生做減法，早日發現屬於自己的「大衛」！

14 要自由，不要當木偶

價值觀是人生前行的底線

如果價值觀模糊不清，不知道什麼是善惡，就會像木偶一樣，被人隨意操控。

我們每天都面臨選擇：吃什麼，喝什麼，買什麼樣的東西，和誰說話，工作應該如何進行……

當選擇太多時，我們就會陷入糾結之中。吃什麼喝什麼還好選擇，就算選的東西不對，後果也不會很嚴重，因為我們都承擔得起。

可是關於人生的大選擇，有時會讓我們手足無措——找什麼樣的工作？交什麼樣的朋友？和哪個人談戀愛？和哪個人結婚？在哪個城市定居？什麼時候生孩子。

我真希望能有一個標準答案，然後什麼也不用想、不用選，就按照這個標準答案做就好了。可人生哪有這麼容易。

痛苦中的選擇，讓價值觀更清楚

我大學畢業後，做過一份建材銷售工作。公司老闆業務能力很強，我特別佩服他，他也很器重我。在他的指導下，我很快簽下了一些大單。我暗暗給自己鼓勁——我要跟著老闆努力奮鬥，走上人生巔峰。

然而，現實很快打了我的臉。我發現這個老闆不但弄虛作假，還會讓員工無條件服從他的價值觀。當我對他的價值觀提出質疑時，他就對我進行打擊式洗腦，說我是傻子，說社會就是這樣。他還發動其他人一起來對我進行洗腦，試圖讓我放棄自己的想法。

他說，他才是對的，說我太單純、幼稚，不了解社會的真實面目。我當時非常的痛苦——一方面，我業績很好，也喜歡銷售工作，放棄這份工作的話實在是不甘心；另一方面，我也確實需要錢，如果我睜一隻眼閉一隻眼，那賺錢不是什麼難事，我也不用住在城中村了。我可以到市區租一套條件好的公寓，還可以買那些我早就看中的衣服、鞋子和包包。金錢帶來的誘惑，真的很大。

我在痛苦中煎熬了一段時間，最後還是決定放棄，重新開始。

那個老闆讓我知道，我無法選擇惡的那一邊。如果說我被蒙在鼓裏，分不清善與惡，那我需要提升智慧。可如果我已經分清善惡，那我必須做出取捨，否則內心無法安寧。

如果說價值觀有標準答案的話，那就是不能行惡。這應該是一個人的基本底線。

如果我們的價值觀模糊不清，不知道什麼是善惡，就會像木偶一樣，被別人隨意操控。我說的那位建材老闆，後來還是有不少人繼續跟著他賺錢，無所謂善惡——而這恰恰是我萬萬不能忍受的。

精神偶像和標準答案，皆不可靠

我是個很能折騰的人。我的老同學可以在一個地方待很久，安穩地結婚生子，我卻不行。我喜歡變化，渴望看到更有趣、更新奇的東西。我害怕自己被時代淘汰，所以一直在改變。

可當我接觸到新奇的觀念後，難題又來了：人們都說自己的生活方式是最正確的，那我該相信誰呢？有的說去一線城市，有的說去中小城市，還有的說去村裏……眾說紛紜。

在不斷折騰的過程中，我厭倦了選擇。我希望自己能找到一個人生偶像，然後跟著他的腳步來，這樣，我就不用做選擇了。當一個精神上的木偶，也許會輕鬆自在一點。可是，我發現精神木偶也不是好當的。

比如結婚生子這件事吧。

A說：結婚生子要趁早，先成家後立業。尤其是女人，不要耽擱。

B說：女人啊，要先有自己的事業，不要只想著當一個生育工具。

C說：結什麼婚，生了娃你就得「喪偶式育兒」。養孩子這麼貴，如果經濟條件不夠好就不要結婚生子，否則對不起孩子。

都說得挺有道理，該聽誰的？我們只能自己去發現，去思考，自己去找到最適合自己的人生之路。別人的話，只能作為參考，不能照單全收。

有一次，我喜歡的兩個作家，因為某件小事槓上了，我再一次迷惑了——我想要跟隨的人，他們的觀念也隨時在變化。

是啊，如此盲目地跟隨他們，是不可靠的。

今天，某個「大V[註1]」說把房子賣了，租房住才是潮流，你聽後急忙把房子賣了。過幾天，這個「大V」又說，還是得買個房子才有安全感，你又趕緊去買，結果發現錢不夠。所以，當一個不加判斷的精神木偶是要付出代價的。

有一次，我所敬仰的一位大咖突然開始在社群上炫耀自己的地位和名利，尖酸刻薄地攻擊窮人。這讓我既失望又沮喪，因為平時的他總是在傳遞愛與平等這樣的普世理念。

當我只想輕鬆地跟隨別人走路時，我發現這很難。因為別人傳達出來的觀念未必是他真正的價值觀，很有可能是一種偽裝。而且，別人的觀念也隨時在變化。

每個人都應該探索出自己的人生路，這是一個艱難的過程。尋找的過程可能會讓人備受折磨，可只有靠自己，我們才能發現人生的真理。

如果人生非要有一個標準答案的話，我想大方向是有的。人生之路的指向應該是：走能夠讓你變得更強大、自由、幸福和快樂之路。

---

1 大V：在新浪、騰訊等微博平台上，擁有數十萬以上的粉絲追蹤，並經過微博認證身份的帳戶。

15 忙和累不是人生標配，我們可以帶著歡笑前行

勞逸結合，與工作和解

我喜歡探索各種好玩的事情，那是人生的鹽。如果沒有這種鹽，將活得沒有滋味。

一位朋友在工作之餘喜歡到處拍照，這是他的愛好。他參加聚會時，興奮地拿出照片，本想跟別人分享，卻被其他人鄙視，大夥兒都說他不務正業。

朋友很苦惱，他覺得自己拍照歸拍照，可工作起來還是很負責的。他從來不覺得忙碌有什麼好吹捧的，可為什麼大家都在追求這種狀態呢？人們都推崇「九九六」和「〇〇七」[註1]這樣的工作方式，可那就是人生的標準嗎？

在大都市裏，「忙碌」是一個正確的詞。有段時間，我在北京國貿大廈上班，為了躲開早上高峰，每天早上六點多就起床去坐地鐵。我覺得自己起得很早，可到了地鐵車廂

裏，還是沒有座位。我很納悶，怎麼大家都起得這麼早啊？如果起床起得晚了，到了早上八九點，地鐵十號線人挨著人，等來好幾趟車都擠不上去。我看著滿車的人，只能無奈地搖搖頭。

當我把自己努力工作的照片發給一個好友時，他誇我：「妳終於知道奮鬥啦，看到妳忙起來，我就放心了。」之前，他看到我在社群曬吃喝玩樂的照片時，就痛心疾首地批評我：「年輕人，妳要努力工作啊，妳要忙起來啊，這樣可不行！」

他是工作狂，帶著一個團隊，經常加班，最看不慣別人懶懶散散的樣子。被他批評的次數多了，我後來一發吃喝玩樂的照片，就下意識地把他封鎖。

忙碌，是為了讓自己看起來很重要

我內心並不認同忙碌就是人生的全部。我喜歡的生活是能夠優閒自在、有趣且有意義地活著。工作時認真工作，工作完成了就去找朋友談談人生，或者去拳館打拳……我喜歡

1　九九六：指每天朝九晚九，一周工作六天；而〇〇七是一周工作七天。

探索各種好玩的事情，那是人生的鹽。如果沒有這種鹽，人生就沒有滋味。

在這樣的節奏下，我活得開心，做事情也有效率。當然，這並不意味著我很懶惰，而是在這種狀態下我更願意付出行動，更有創造力。你看我是在優閒地喝茶，但我的大腦裏，也許可能正在構思新的小說情節。

可當我發現別人都是忙碌到連吃飯的時間都沒有時，我就在想，自己是不是太優閒了？是不是已經被淘汰了？

於是，我也刻意追求忙碌，生怕浪費時間。我放棄了各種休閒娛樂活動，結果搞得自己疲憊不堪。

我認識一位詩人。他也曾在職場打拚，做過大公司的行銷總監。他每天辛苦奮鬥，非常忙碌，只能在加班後的夜晚，讀讀詩集，寫上那麼一兩句。工作又忙又累，他對詩歌的熱愛之心也就慢慢減退了。他要關心職場上的 KPI（關鍵績效指標），關心下屬的工作效率，每天忙得像陀螺，寫詩成了一件奢侈的事情。

後來，他辭職了，開始當自由職業者，從熱鬧的市區搬到了郊區。平時，他會根據自己的情況偶爾接點兼職工作，其他大部分時間都是在優閒自在地喝茶、讀書、寫詩。他覺得，這才是他想要的生活——不需要那麼忙碌，也可以體驗到人生的幸福。

上進，不等於瘋狂壓榨體力和腦力

當然，現代社會的主流觀點還是人要努力工作賺錢養家。如果你總是一副優閒自在的狀態，大家往往會覺得你這個人沒有上進心。

而實際上，人人只看你飛得高不高，卻少有人關心你累不累。一個從大學剛畢業的小男生告訴我，他每天都很忙碌，工作結束後還去做兼職，拚命賺錢，保持忙碌的狀態。年輕人嘛，哪裏有玩耍優閒的資格。他把自己逼到極限，瘋狂壓榨自己的體力和腦力。現在的他每天都做噩夢，而且十分焦慮，活得痛苦不堪。

我勸他說：「你找個時間出去玩玩，玩夠了再回來工作。」

他說：「我沒有時間，大家都在努力工作，我怎麼能出去玩呢？只有工作賺錢才能讓我安心。」

當生活全部都是工作，而工作本身又沒有什麼快樂時，工作就會變成一場苦役。這場苦役何時才能到盡頭呢？

所以忙和累，不一定能讓人幸福。

有的人每天追求忙和累的狀態，把自己壓榨到沒有一點休息時間，連吃個飯都匆匆忙忙，生怕耽誤工作。可這樣並不見得會有多好的效果，要知道，又忙又累不等於一定能做出成績。

我們只有付出行動和努力，才能獲得自己想要的東西。但我們不應愁眉苦臉、苦不堪言地努力，我們應該試著與工作和解，一邊努力，一邊利用工作的間隙去尋找自己喜歡的事情。這樣既能保障自己的生存，又不用在煎熬中生活，何樂而不為呢？

16 悲觀的人也可以成為自己的英雄

就像減脂增肌一樣，要給自己時間

極度痛苦的人該如何面對？馬汀・塞利格曼給出了建議：像狙擊手那樣應對痛苦。

最近在看作家張春的書——《在另一個宇宙的一〇〇三天》，其中有一篇〈抑鬱症患者生活小技巧〉，裏面詳盡描寫了作者自己患憂鬱症的經歷。我看到其中一段話，不禁淚流滿面。

這段話是這麼寫的：

有一天，我看了三部電影，叫了小龍蝦外送到家裏吃，全部的活動就是這些，連牙都沒有刷。糟糕的是，我覺得那是垃圾和空虛的一天，這是不對的。畢竟，我「又活了一天」，按我之前給自己訂立的道德底線：活著是唯一的道德，這應該是非常成功的一天了。

這段話讓我想起自己最絕望的時候。那時，我因為工作受挫，癱睡在床上，連起床的力氣都沒有。我不知道活著有什麼希望，人生有什麼意義。看看手機，看到別人都在熱火朝天地活著，活得那麼幸福，於是，我更加絕望了。

在最絕望時，人還有比較之心：為什麼別人都活得那麼快樂，我卻這麼痛苦？我怎麼就不如別人呢？

不容易快樂並非你的錯

我給一個關係好的同事萍萍發訊息訴說心中的絕望，她說：「每個人的境況不一樣，妳現在能從床上爬起來，給自己點個外送吃，或者出去轉轉，就很了不起啦。」

可我連外送都懶得點，於是，萍萍幫我點了個外送。我收到後，被飯菜的香味吸引，忘記了剛才說過的話，開始狼吞虎嚥地吃起來。吃完後，我感覺還沒吃飽，想起附近有一家砂鍋米線挺好吃的，於是就下樓了。

從此以後，我就對身邊的朋友說，只要我還愛吃，就說明我對生活還抱有希望。如果有一天我連飯都懶得吃了，那就真是出大事了。

生命有時候很脆弱，也許遭遇一個很小的挫折，就會讓人失去前行的勇氣。我們總希望大家都能開心地活著，但這只是希望。一個殘酷的事實是：有的人可能天生就不容易快樂，這跟遺傳有關。

心理學家馬汀．塞利格曼在《持續的幸福》一書中就談到了這一點。他說：「一個人可能從基因上遺傳了一種強烈的悲傷、焦慮或宗教狂熱的傾向。強烈的生物基礎決定了我們中的一些人會容易悲傷、焦慮和憤怒。」

即便馬汀．塞利格曼本人是正向心理學之父，是大名鼎鼎的心理學家，會使用各種心理學的技巧來應對悲觀，可他也會經常聽到一個聲音在說：「我失敗，活著沒意思。」他甚至說自己是個天生的悲觀者。

說到這裏，可能很多人會有疑惑，既然馬汀．塞利格曼是天生的悲觀者，那怎麼還會推廣正向心理學呢？

其實，一個人正是因為悲觀到非常痛苦，才會去尋找可以讓人生快樂的方法。倒是那些已經非常快樂的人，他們可能不會過多在乎這些，因為對他們來說，快樂是很容易、很自然的事情。

人和人有共同性，但也有不同之處。有著悲觀基因的人，他們的祖先可能經歷過很多危險。這些危險對生命會構成威脅，在進化的過程中，他們的悲觀基因得到了強化。對一個有著悲觀基因的人來說，他會提前考慮到可能出現的危機，做好應對準備。

人類進化到了今天，一些危機雖然還存在，但是基本安全、食物、住所等都已經得到了保障，我們需要更多的正向情緒來開拓生命。然而，有悲觀基因的人也許會覺得不適應。

比如，有廣場恐懼症、電話恐懼症的人，他們對廣場和電話極度恐懼。我們都知道，去廣場上轉一圈不會死，接個電話也不會死，可他們就是恐懼。如果在遠古時代，你去深山老林的曠野中轉一圈，也許真的會遇到吃人的野獸。在那個時代，這種恐懼是有助於保命的。但現在，這種恐懼只會限制我們的發展。

極度沮喪時如常生活，已經是英雄

馬汀·塞利格曼提到了兩位名人，一個是英國前首相邱吉爾，一個是美國前總統林肯。他們都飽受憂鬱症困擾，但這並不妨礙他們取得巨大的成就——因為他們能夠和自己的痛苦相處。

邱吉爾的家族有憂鬱症病史，他本人也未能倖免。為此，他把自己的憂鬱症稱為「黑狗」。

邱吉爾曾對他的私人醫生說：「我不敢站在船邊往下看，因為下一個動作可能會結束一切。」想不到吧，就算是一國首相，也會為了生與死而糾結。生存，還是死亡？這幾乎是所有人都要面臨的一個問題，總有那麼一些時刻，你會在心裏問自己：活著有什麼意義？如果活著很痛苦，死了會不會輕鬆些？

邱吉爾是怎麼對抗憂鬱症的呢？他寫小說、畫畫，讓自己處於忙碌的工作狀態。他憑著自己的皇皇巨著——三百六十萬字的《第二次世界大戰回憶錄》——獲得了一九五三年的諾貝爾文學獎。

林肯也患有憂鬱症，他經常和自殺念頭做鬥爭。那麼，他是如何應對沮喪念頭的呢？據說，他會把報紙上別人誇他的報導都剪下來，整理成冊，隨身攜帶，心情沮喪時就拿出來看一下，為自己增添生活的勇氣。

不得不說，林肯非常聰明。他的做法非常值得我們仿效。

有一次，我給寫作群的群友們出作業：找十個人來誇你。有個女生被誇了以後不由得號啕大哭。她本來覺得自己活著沒什麼價值，也沒有意義。可是，她沒想到，自己在親人、朋友眼裏是如此可愛、如此重要。

當我們用單一的視角看待自己的生命時，確實容易走向極端。尤其是當我們於深夜獨處時，更容易胡思亂想，覺得自己死了地球照樣會轉，那活著還有什麼意義呢？那時的我們，心靈容易被黑暗遮蔽住，忘記了世上還有其他關心我們的人。

一個想自殺的朋友曾跟我談起他的心事。他問我：「妳有沒有什麼辦法可以治癒我？可以讓我不會想自殺這件事？」

我說：「還真的沒有，但是我可以告訴你一些方法來調整自己。我目前還沒有看到誰能一下子解決這個問題。但任何問題的解決都需要多方配合，我給你方法，你配合實踐，而且要長期堅持，這樣才能有效果。」

他很憤怒：「妳是學正向心理學的，妳連我這個問題都解決不了，妳們這門學問還有什麼用？」

我理解他的憤怒，因為我也這麼想過。我甚至還想著誰能發明一種藥丸，讓我吃了一下子就變得聰明又富有，而且再也不會痛苦。許多人都想走捷徑，尤其在面對自己的負面念頭時，往往更是如此。

極度痛苦的人如何應對這種情況呢？馬汀・塞利格曼給出了他的建議：像狙擊手那樣應對痛苦。

狙擊手訓練時，要累到極點再練習射擊，那樣是為了在極度疲勞時大腦也能運轉良好。

還有，一些戰鬥機飛行員在當學員進行訓練時，教練會讓飛機直沖地面，把學員嚇得魂飛魄散，然後讓他在驚嚇之中練習拉升飛機。

對於我們普通人來說，能夠在極度沮喪時依然選擇活著，選擇勇敢面對人生，難道不是英雄嗎？

當你心情低落時，不要放任自己躺著。你要咬牙站起來，強迫自己去和外界聯繫，如同狙擊手一樣，直接應對生活中的打擊和挫折。

當然，我們不僅要活著，還要想辦法活得更好。我們需要學習一些具體技能：如何擁有更多正向情緒、更多投入、更多意義和更好的人際關係。學習這些技能，會讓你的人生更加幸福——這也是你的使命。

當然，就像健身增肌一樣，你需要給自己成長的時間，不斷練習這些技能，循序漸進。

對於那些處於絕望中的朋友，我想再說一遍：

當你極度憂鬱時，如果依然願意站起來，吃飯、睡覺、做點事情，那麼，你就是自己的英雄！

17 別騙自己，去追求自己真正想要的

順心而為，奮力一搏

若生來就是一隻雄鷹，何必把翅膀藏起來，躲在雞群裏委屈度日？

我上國中時眼睛就近視了，配的第一副框架眼鏡的度數是一百度，後來逐漸增加到三百五十度。

框架眼鏡有很多不便，我也想過配隱形眼鏡，但內心總覺得隱形眼鏡不好戴。我想了一堆理由，總是會先把自己給嚇住，所以就一直沒有配。

有朋友問我，怎麼不配一副隱形眼鏡？我說，我不喜歡隱形眼鏡，就喜歡框架眼鏡。其實，我從沒戴過隱形眼鏡，何談喜歡不喜歡呢？我挺想嘗試的，卻怕自己戴不好，又不想讓別人知道我害怕，只好用「不喜歡」來安慰自己。

前段時間，我終於鼓足勇氣配了一副隱形眼鏡，讓店員幫我戴上了。回家後，雖然我折騰了一個多小時才又戴上，但經過這次嘗試，我知道了自己可以克服這個困難，它完全在我的承受範圍內。

自欺，反而讓生命枯萎

隱形眼鏡的事，常讓我聯想到我的內心。有時，真實願望是向東走的，可是由於各種原因，我們欺騙自己，於是轉向西走。這種自我欺騙雖然短時間內會讓我們保持內心平靜，可時間一長，生命就會逐漸萎縮，內心也無法得到舒展。

有的女生，她內心的真實夢想明明是成為一個王者，出去闖盪世界，閱盡人間繁華。可為了服從刻板的社會規則，成為大眾眼裏的「賢妻良母」，她選擇自我欺騙，騙自己說外面的世界險惡，還是在家相夫教子比較好。於是，她嫁人生子，洗手作羹湯，照顧丈夫和孩子。這種自我欺騙可能會讓她的生活安定，但是絕不會讓她的生活「綻放光華」。

我老家有位同學，已經結婚生子，丈夫、孩子、房子、車子，什麼都有了，也不用出去上班賺錢，什麼都不缺。但是，她在跟我聊天時還是時不時地唉聲嘆氣。

我問她是不是和家裏人有矛盾，她說沒有，就是不開心。她上大學時讀的是建築系，曾夢想當一名建築設計師。可她畢業後，家人怕她年齡大了不好嫁人，就讓她去相親。

相親的對象就是她現在的丈夫。對方家境殷實，家裏還經營著工廠，而且對她很滿意。她家裏人也很滿意，於是，她也就聽從家人的意見結了婚。婚後，她主要的任務就是照顧孩子和丈夫。她的生活安定，夫妻關係也很和睦，可她還是被憂鬱症所困擾。

實際上，看著自己的大學同學很多都成了優秀的建築設計師，而自己卻從來沒有為夢想付出過，她很不甘心。有一次，她和她的爸爸媽媽一起吃飯，忍不住抱怨了幾句，怪他們讓她一畢業就結婚。

她的爸爸媽媽火氣一下子就上來了，說女人的歸宿就是家庭，就是結婚生子照顧老公，當什麼建築設計師，天天去工地上吃灰嗎？她聽完，一下子忍不住了，跑到洗手間大哭了一場。在別人眼裏應該很幸福的生活，於她而言卻是痛苦。

我建議她有時間把設計師的專業再撿起來，只要真心想做的話，機會總是有的。可她說，她老公不希望她再學這些，只希望她把家庭照顧好。

她的爸爸媽媽不喜歡我，說我這麼大了還在外面漂泊，不成家，生怕我把他們家閨女帶壞了。

在物質方面，我確實是不如她的。我沒有房子，也沒有車，就是一個大城市裏的無產者。但有一點，而且也是最重要的：我在努力過自己真正想過的生活。

為自己想要的生活付出努力

大學二年級暑假時，鄰居就給我介紹了一個對象，我頂著壓力拒絕了。後來，我也多次反抗家人的安排和社會對我的角色期待，像個愣頭青一樣，在社會上橫衝直撞。

我做過建材銷售，經常在工地奔波；也在工廠流水線上打過工，體會過加夜班的痛苦；我承受過商業談判的高強度和巨大的壓力，也會因為搞砸項目氣得吃不下飯。

兜兜轉轉，到最後我發現，我還是想寫作。後來，我真的成了一名寫作者。

我一直在按照自己的本心選擇自己的生活。也許我並沒有那麼富足，但這是我真正想過的生活。

可別人對我這樣的生活方式是不理解的，包括我的家人。在老家，我就是一個負面案例：看看那女孩，那麼大了還不結婚，丟人……

甚至，我父親、我弟弟都會因為我不結婚而覺得丟了他們的面子。

追求自己真正想過的生活，其實是很艱難的。所以，我並沒有勸老同學放下一切去追夢，畢竟她還有孩子得負責。

有些人很善於偽裝自己，為了從眾，有時不得不欺騙自己，讓自己和別人一樣。從眾是有好處的，這樣，就可以得到大家的認可，會有安全感。

有時因為壓力太大，我也羨慕過我的這個同學：她那樣多好啊，不用被催婚，不用被催生，還不缺錢花，而且大家都誇她。

可若你生來就是一隻雄鷹，何必把翅膀藏起來，躲在雞群裏委屈度日？你要等到什麼時候才可以展開翅膀，在這世界勇敢飛翔？

內心平靜時，不妨問問自己：你到底想過什麼樣的生活？你願意為這樣的生活付出努力嗎？

不欺騙自己，搞清楚自己真正想要的是什麼，然後努力追求。這，就是我們活著的意義。

CHAPTER 4

愈自控愈自由

有時我醒來就開始思考人生，
愈想愈覺得人生沒有意義。

強打精神下床，
洗臉刷牙、喝點熱茶、吃點早餐，
放一段輕音樂，情緒漸漸好轉，
用行動而非思緒，
重新轉動失序的生活。

18

慌亂時刻，保持自己的節奏很重要

從無序失控回歸的要訣

意外突如其來時，先別對事情擴大解讀。了解真實情況，保有工作和生活步調，才不會愈想愈慌。

有一天，我正在上班，突然接到了我媽打來的電話。她在電話那頭說她的腰椎間盤突出病復發了，讓我趕緊回去。我一聽就慌了，擔心得吃不下飯、睡不著覺，失眠到後半夜。

每次一遇到丁點大的事情，我都會往不好的方面想，先把自己嚇個半死。我知道，這不是一個好習慣，但我很難控制自己，好像這種反應已經刻入了骨子裏。

我打開手機，訂了次日最早的火車票，處理好了當天的工作任務，和同事交代了一些事情就匆匆趕去火車站。

一路忐忑回到家，見到我媽，看到她還能慢慢走路，沒有太大的問題，我心裏的擔憂放下了一大半。接著，我帶她到醫院檢查。

醫生檢查後說：「人的身體會衰老，這是沒有辦法的事情。妳媽媽這個年紀，這種病很常見，還不算嚴重。」

醫生的話讓我放下心來。其實，她的腰椎間盤突出主要是長期幹活累倒的。所以，在檢查後，我們在附近找了家飯店，根據醫生的安排，每天按時去做理療。

盡量讓自己像平常充實忙碌

後來，我與媽媽之間發生了一點小矛盾，這使我的情緒始終處於波動中。雖然我努力克制，卻依然做不到淡定應對。

對於當時的我來說，寫作是一種很好的發洩途徑。我在紙上寫下自己亂七八糟的心情，努力調整節奏，盡量讓自己像平常一樣忙碌而充實。

朋友小白看了我的心情吐槽文後評論說：「妳這是想得多、做得少。」剛開始，我看見了很不高興，馬上回擊了他。後來，他跟我聊天，問我有什麼需要幫助的。我心裏很感動，把之前的不愉快忘得一乾二淨。

我想，也許這就是真正的朋友吧，能夠指出你的問題，然後幫你解決問題，而不是站在一旁說風涼話。

那時候，我媽每天上午和下午都要去醫院做理療，我在照顧她之餘，就打開手機看點文章，或者處理工作事務。當我按照平時的節奏工作、寫作、閱讀、鍛鍊時，心情明顯好了很多。

行動改善情緒，這句話真是所言不虛。

我記起之前看過的 Facebook 營運長雪柔．桑德伯格的演講——《當你陷入絕望，如何強力反彈》。她在演講中說到，在丈夫去世後，她一度陷入崩潰和悲傷中，什麼都做不了。兒童心理學家鼓勵她盡快將孩子們帶回到日常生活中。於是，在丈夫死後第十天，她就讓孩子們去了學校，她也開始上班。

她回到 Facebook 開了第一個會。她發現，當她全身心投入到工作中時，有一秒，或是一瞬間，她忘記了丈夫的死亡。那一瞬間，她從悲傷中掙脫了出來。也許之後她還會陷入悲傷，但是，經由轉移注意力，她還是能正常工作或者應對眼前的事務。

如果在慌亂時刻，任由負面情緒掌控，人會變成什麼樣呢？

我在北京認識的一個女生小安，因為失戀而心情低落，她連工作都辭了，住的房子也退了，一個人跑到了郊區去住。

在郊區時，她也沒有好好愛惜自己，整天不好好吃飯，天天待在家裏哭完了就去睡，睡醒了接著再哭。沒多久，就因為急性胃炎住了院。後來，在我們的勸說下，小安終於決定結束這種頹廢的狀態。她調理好身體後，回到北京繼續上班，每天堅持運動，狀態愈來愈好，終於從失戀的陰影中走了出來。

美國人格與社會心理學家沃爾特．米歇爾把人的失控解釋為一種內在失序：當外界資訊和我們的內在思緒發生衝突時，我們會分心、慌亂，沒辦法專注於當下的事情。我們會痛苦、恐懼、焦慮，精神處於窒息狀態。

其實，外界資訊並不會直接對我們造成傷害，關鍵在於我們如何對這些資訊進行解釋，如何採取行動。

情緒不好時，先不要對事情進行恐怖解讀，盡量去了解真實情況，保持原有的工作和生活節奏。如果什麼都不做，只咳聲嘆氣的話，不但問題一個都解決不了，還會讓自己更痛苦。

行動起來，投入愈來愈多的注意力，讓生活盡早恢復正常，負面情緒就會慢慢飛走，我們也會從無序失控的狀態回歸到正常狀態。

希望生活中那些出其不意的慌亂造訪你時，你能穩住，安然度過。

19 你會不會吃掉眼前的棉花糖？

積累和花費背後的心理機制

所有人都要不斷面對人生的「棉花糖時刻」——是享受一下眼前的小歡樂，還是暫時隱忍克制，等待更多？

有一個著名的心理學實驗：

一九六〇年代，心理學博士沃爾特·米歇爾在史丹佛大學一所附屬幼稚園對學齡前兒童進行了一項名為「棉花糖實驗」——用艱難的困境挑戰他們的自制力。

研究人員讓孩子們從不同種類的食品中選出他們最喜愛的，包括棉花糖、曲奇餅、小脆餅、薄荷糖等。假如孩子選擇了一顆棉花糖，他可以立刻吃掉眼前的這顆棉花糖，但吃掉的話，後邊的棉花糖就沒他什麼事了。

如果他能控制住自己不吃眼前這顆棉花糖，等待二十分鐘後研究人員回來，他就可以擁有兩顆棉花糖。

實驗開始後，有的孩子很快就吃掉了眼前的棉花糖，有的孩子在猶豫了一會後也選擇了吃掉眼前的棉花糖。有的孩子很想吃，但努力克制，一直等到研究人員回來。

研究人員隨後追蹤了這些孩子的人生經歷，發現愈是善於等待的孩子，他們後來所取得的成績就愈高，他們在青春期的認知能力和社交能力也愈強。此外，他們還有更好的適應能力，並且能有效地應對沮喪和壓力。

而那些立刻吃掉棉花糖或者等待時間很短的孩子，更容易出現行為上問題，學習成績較低，對於壓力的適應能力也不夠強。

這個實驗的知名度非常高，很多學校、社會機構、公司企業都用這個著名的棉花糖實驗來測試員工的自制力。

不過，我更關注的是，為什麼這些孩子會有不同的表現？為什麼有的孩子可以等待那麼久，而有的孩子卻一刻也等不下去？是什麼原因導致他們有這樣的差異呢？

就像我們現在的人，為什麼有的人在面對誘惑時能克制自己，而有的人卻一而再、再而三地被誘惑呢？

所有人都要不斷面對人生的「棉花糖時刻」——是享受一下眼前的小歡樂，還是暫時隱忍克制、等待更多的收穫呢？

從快策略演化到慢策略

抵抗不了誘惑，這都是你的錯嗎？還真不一定。

萬維鋼[註1]曾推薦過一本書：《誰說人類不理性？基因演化比我們想得更聰明》這本書從進化心理學角度分析了人們的一些行為。

生命史理論表明，在成長過程中，個體主要做兩件事——積累和花費。而且他們有兩個策略——快策略和慢策略。

如果一個人在動盪不安的環境中長大，今天吃飽了還不知道明天有沒有飯吃，今天活著還不知道明天能不能活，這樣的人，會選擇快策略。他們沒有耐心去等待更多，認為如果等待的話可能會更慘；眼前有塊糖如果不趕緊吃掉，明天可能就沒有機會吃了！所以，選擇快策略實際上對他的生存是有利的，比如那些處在戰亂地區或者貧困地區的人們。

如果一個人在安全穩定的環境中長大，食物充足，家庭溫暖，他就會選擇慢策略。他會認為：眼前的糖我不吃，我相信父母可以再給我，所以不著急。

中國古代有一句話是說女人很早就生孩子，早到什麼程度呢？——十三娘，二八婆，四十六歲太上婆。

因為古代的食物資源不充足，醫療條件也不好，人的壽命短，所以人們等不起，等著等著，壽命就到頭了，還怎麼繁衍生命？如果以現代人批判的眼光來看，十三歲就生娃，這還得了？可對於當時的人來說，他們要根據生存環境來做決策。

到了現代社會，人們普遍晚婚晚育。糧食夠吃，醫療條件也好，長命百歲的人不在少數，人們想繁衍後代也不用急，所以現代人採用的是慢策略。

一個人採取什麼樣的策略，還會受基因的影響。比如，單胺氧化酶A基因（MAOA-L）就是一種犯罪基因。如果你不幸遺傳了這種基因，在面對衝突時，可能就無法克制自己，會選擇以極端的方式解決問題。

創造遠離誘惑的環境

說了這麼多，我其實想說的是：有時我們自身存在的問題並不都是我們自己的錯。因

1 萬維鋼：筆名同人於野，現為美國科羅拉多大學物理系研究員，「學而時嘻之」博主，擅長用理工科思維理解世界。

此，實在沒必要把所有過錯，都攬到自己身上。

假如你是一個沒有耐心、無法抵抗誘惑的人，只想著今朝有酒今朝醉，有可能是因為你從小缺乏關愛，生活在動盪的環境中，沒什麼人關心你。所以，你選擇了快策略，看到什麼好吃的、好玩的先享受了再說，因為不知道明天還能不能輪到你。

你沒法改變以前的環境，所以無需為現狀自責。但是，你可以試著從現在開始改變。心理學和科學都在不斷發展，人們都在想辦法提高自控力、專注力，有不少方法都非常有效。

你也可以奮起反抗那些從前的環境或者基因帶給你的影響，打造一個新的自己。要知道，現在已經不同於過去的饑荒年代了，我們也沒那麼容易被餓死。

如果你之前是一個經常選擇快策略的人，可以試著調整一下。你已經解決了溫飽問題，就可以多從長遠角度考慮一下。比如，當你想吃宵夜時，你可以從長遠角度想想你的身體健康，也許你就會忍耐一下，先不吃了。

此外，我們還可以轉移注意力。現在這個時代，吸引人的東西太多了，那麼多好看的電視劇、好玩的遊戲、好吃的食物……它們都在引誘我們。如果我們想更好地克制自己，就盡量不要和它們正面對抗，而應該想辦法遠離它們。

比如說，冰箱裏不要塞垃圾食品，手機裏不要下載太多電視劇，也不要下載遊戲APP。擁有的少了，誘惑就少了。就如同在棉花糖實驗中，有的孩子為了對抗棉花糖的誘惑，選擇不去看棉花糖。在生活中，我們也可以用這種方法試一試。

為了以後更美好的生活，先不去理會眼前的棉花糖吧。

20

如何治癒「清晨恐懼症」？

為自己建立一天開始的儀式

假如生活陷入平庸無聊，每天醒來看不到希望，可以向《今天暫時停止》中的菲爾學習，主動出擊，關心身邊的人。

有一部美國電影叫《今天暫時停止》，男主角菲爾是一名氣象播報員。土撥鼠日（美國的一個傳統節日）那天，他去了普蘇塔尼小鎮報導關於土撥鼠的新聞。

菲爾來到這個小鎮後遭遇了一件非常奇怪的事情：每天早晨六點醒來後，他發現一直是二月二日——土撥鼠之日。每天早上，他遇到的人都一樣：旅館的胖經理、服務員老太太、街邊乞討的老爺爺、賣保險的老同學。這些人跟他說同樣的話，當天發生的所有事情也都一樣。

第一天如此，第二天如此，第三天還是如此……菲爾最初感到恐慌，很快又覺得興奮。每天都是二月二日，他就有足夠的機會去放縱自己。他大吃大喝，盡情玩樂。

他喜歡他的女同事麗塔，可不管他怎麼誘惑，麗塔都不上鉤。菲爾終於絕望了。每天早上醒來時，他都不得不面對痛苦的一天……如果用一個詞語來描述菲爾的症狀，那就是「清晨恐懼症」。

菲爾對清晨感到恐懼，因為他每天醒來後都過著同樣無聊的日子。生活於他而言已沒有任何樂趣，只是一場巨大的折磨和煎熬，永無止境。菲爾是電影中的人物，但真實世界裏的我們誰沒有經歷過「清晨恐懼症」？

醒來恐懼，並不代表一整天都會這樣

回想一下，你有沒有在某些時刻對人生感到厭倦，每天醒來都感到恐懼？

我讀高三時，每天早上都不願意起床。因為，每天的日程都一樣——上課、吃飯、回宿舍睡覺，還有做不完的習題。書桌上的考卷堆積如山，一場又一場模擬考試等著我們去考，還有考試後「慘烈」的排名、老師時不時的「敲打」……我每天都克服著恐懼，掙扎著起床。

為什麼一個人在清晨醒來時會感到恐懼，而不是充滿希望地迎接新的一天？要嘛是生活太無聊，沒有新意，如同菲爾一般，每天醒來天氣都一樣，遇到的人一樣，工作也一樣無聊；要嘛是對生活感到恐懼，每天都有棘手的事情需要應對。

有的恐懼可以逃避，可如果是無法逃避的事情呢？比如：得了重病，失去了對自己來說重要的人，做生意賠得血本無歸等等。遭遇這些打擊的人，在清晨醒來時感到恐懼，不想面對，也是人之常情。

不過，我們也可以找一些方法來應對清晨的恐懼。畢竟，誰不想早上醒來後能夠精神抖擻地面對一天的生活呢？

英國心理學家克萊兒．維克斯在《精神焦慮症的自救》這本書中給讀者提出了一些建議，告訴我們如何應對清晨的恐懼。

如果清晨醒來感到恐懼，不要被這種感覺嚇倒，覺得自己這一天就完蛋了。因為人的情緒是會波動的，清晨恐懼，不代表你一整天都會恐懼。

醒來後，應立即起床。在床上待的時間愈長，大腦的消極思緒就會愈多，你也會愈痛苦。

我對此深有體會。有一次，我醒來就開始思考人生，愈想愈覺得人生沒有意義，無比痛苦。這時，就要強打精神下床，活動活動，洗臉刷牙，喝點熱茶，吃點早餐，情緒可以很快好轉。

可以放一段輕音樂，因為音樂能改善心情。我有時醒來時迷迷糊糊的，此時聽一首歡快的歌曲，馬上就清醒了。

如果清晨恐懼症很嚴重，並且有憂鬱傾向，最好找個人來陪伴你。我曾經認識一名醫生，他有嚴重的憂鬱症——早上自己無法起床的那種，也無法上班，必須找個人把他拉起來。

如果醒得太早，可以服用清晨鎮定劑。不過，這要聽從醫生的建議，自己別亂吃。我們還可以選擇變換視野，改變床的位置，讓房間布置有所變化。

為生活增加儀式感

在應對清晨恐懼方面，我也有一些心得分享如下：

一、提前一天定好目標。每天睡覺前，我都把第二天做什麼寫在清單上，這樣，每天都有清晰的目標。沒有動力，沒有心情，醒來後真是一片茫然，不知道自己要幹什麼。

如果你沒有大目標，可以每天定一個小目標，哪怕是早上起來喝點熱水，吃個早餐，也比躺在床上抱怨人生要好得多。

可以把第二天要穿的衣服提前整理好，冬天提前開空調，讓房間保持暖和。別小看這些細節，有時，一件微小的事情也會讓人喪失起床的動力：我房間的暖氣不夠暖和，冬季早上醒來我都不想出被窩，寒冷讓人恐懼。這時，該怎麼辦呢——開空調，房間一暖和，就能乖乖爬起來了。

二、起來泡茶喝。之前，我是一個不喜歡喝茶的人。有一天，一個做瓷器的朋友送了我一個小茶碗，茶碗很漂亮，我就用來泡茶喝。久而久之，我就養成了喝茶的習慣。

喝什麼茶不重要，重要的是喝茶的過程，它就像一種禪定。我把水燒開，倒進小茶壺，茶葉在沸水的作用下散發出淡淡的香味。聞著這種香味，我感覺輕鬆愜意。喝茶可以讓我的情緒變得平穩，順利開始一天的工作，我很喜歡這個過程。

假如生活陷入平庸和無聊，每天醒來看不到希望，我們可以向《今天暫時停止》中的菲爾學習一下。不妨看一下他是如何應對的。

菲爾在崩潰後用各種手段自殺：開車跳崖、在馬路上等著被車撞、跳樓……他死了一次又一次，但還是會在清晨活著醒來，心懷恐懼。生活太痛苦，想死都死不掉，你會怎麼辦？

當菲爾真誠地向女同事麗塔傾訴心事，獲得麗塔的信任後，他的生活慢慢有了轉機。他採取了一種新的方式來對待眼前的生活。

每天早上，他擁抱旅館的胖經理，親吻服務員老太太，照顧路邊乞討的老爺爺，和賣保險的老同學熱情打招呼。他開始關心自己的同事，給他們帶去熱咖啡，幫他們拿器材，工作時認真投入。

他關心身邊所有的人，對他們付出愛和幫助，他還去學鋼琴，學冰雕。

這樣的菲爾，誰能不喜歡？於是菲爾獲得了普蘇塔尼小鎮群眾的喜愛。在聚會時，被他幫助過的人都來感謝他。在單身男士拍賣會上，他最愛的女人麗塔用錢包裏所有的錢競標，並且和他共度良宵。

六點的鬧鈴再次響起時，菲爾睜開眼，看到了躺在身邊的麗塔。他推開窗戶，發現風雪已停，陽光普照，新的一天開始了。

21 這些方法可以提高你的自控力

與生理狀態、心情波動息息相關

沮喪、挫折、抱怨，甚至飢餓狀態，都會影響我們的自控力。

一說到提高自控力，不少人都咳聲嘆氣：我這輩子就這樣了，我是改不了了，沒救了……這是一種狹隘的認知。

有的人天生自控力很強，有的人天生自控力弱。自控力強的人，在工作、學習上取得的成就更高，人際關係也更和諧，也能夠更好地應對壓力。

自控力確實跟基因有一定的關係，但是，對這些無法改變的基因部分，我們就不要糾結了。如果總是跟那些超級自律的人比較，確實會叫人氣餒。這時，我們應該把注意力轉回自己身上。

我們更應該關注：如何改變現在的自己？

想要改變自我，你就要不停地跟自己鬥爭，因為這是你自己的事情。想改變自控力，你就要對自己有清晰、完整的認知。

不妨問問自己：

你的自控力，是一直都沒有嗎？

你的自控力，在什麼時候最弱？

你的自控力，在什麼時候最強？

回答了上面的問題，你就會發現：一個人的自控力是有強弱之分的，在不同時刻、不同狀態下，你的自控力是波動的。

自控力隨著生理、心情產生變化

比如說，當一個人心情不佳、餓得頭暈眼花、冷得瑟瑟發抖時，你還要求他保持和正常狀態下一樣的自控力，那是很難的。

而當一個人心情愉悅、滿面春風時，他的自控能力就很強，可以完成一些平時感覺有難度的任務。

當我們明白自控力可變時，僵化的認知就會有所鬆動，對自我也就多了一分了解。那麼，如何提高自控力呢？

首先，你得改變自己的認知，意識到某件事情可以改變，而不是只能怎樣。認知改變了，你才會願意付諸行動予以嘗試。這是思維層面的改變，是基本前提。

自控力是可以吃出來的——有了能量供給，人才有自控能力。一個餓得奄奄一息的人，你讓他站起來奔跑，那幾乎是不可能的事情。

心理學家馬修·加略特（Matthew Gailliot）經由實驗發現，讓人們做一些需要自控的事情時，他們身體的能量會被消耗；能量消耗，意志力就會削弱。但是，給一部分人喝加糖的檸檬水，提高他們的血糖含量，這部分人的自控力則會增強。

如果你處在非常饑餓的情況下，可以吃甜點或者高糖分零食，為身體補充能量，這樣做自控力就會得到提高。不過從長遠來看，吃高糖食物不是明智的選擇，因為血糖含量猛升猛降，有可能會使人患上糖尿病。

那麼到底應該如何補充能量呢？要吃低糖食物，讓身體保持健康，同時有持續的能量供應為自控力做基礎。什麼算是低糖食物呢？蔬菜、水果、魚、豆類和堅果類食物……

除此之外，要保持良好的睡眠、有規律的鍛鍊，讓身體的發動機保持運轉。我現在就在實踐低碳飲食，明顯感覺身體狀態比以前好了很多。

記錄做過的事，可以增加生活的可控感

有的人其實做了不少事情，但就是不記錄、不整理，所以他就認為自己什麼也沒做，很沮喪。這就需要我們把自己做的事情列出來，再依次打個勾，看看到底做了什麼事情。把要做的事情列出來，按照對應的日期去完成，這樣，就會有一種生活可控的感覺，不會每天都過得很混亂。

有一次，我情緒低落，突然想不起來前一天做了什麼事，頓時更加沮喪了。後來，我打開手機一看，發現前一天我聽了好幾個小時的課程，還做了筆記，原來時間並沒有被浪費，於是，我的心裏踏實了不少。

我經常每天要做什麼，就提前寫下來，按時執行。當然，也會有完成不了的時候，那就重新安排，靈活一點。列清單會讓你的人生免於失控。

心情不好時自控力最弱，這時候，我們要做些事情來改變自己的情緒狀態。我們可以透過一些簡單、易操作的方法來改變，比如冥想五分鐘，到樓下散步五分鐘，聽歌五分鐘……

這些微行動看似不起眼，但有著大作用。我們試圖改變自己時總是太貪心，總想一夜之間就起作用，這是不切實際的想法。

對我來說，我一閒著就會想消極的事情，愈想愈鬱悶，覺得什麼也做不了。這時，我就趕緊提醒自己要動起來，擦桌子、扔垃圾、整理房間……活動活動，心情馬上會好轉。如果你心情超級失落，想哭想死想發瘋，可以試試用微行動來控制自己。因為微行動做起來不需要耗費太大的精力，人人可以實施。

我們可以對自己的思維方式進行反省。你遇到挫折時，會以什麼樣的視角來看待相應的事情？是純粹抱怨，還是覺得這是一個挑戰的機會？

如果你一味抱怨，那你的自控力就無法激發出來。如果你試著轉換角度，改變一下思維方式，也許就會想出應對的方法。

有時你覺得累，但其實並沒有那麼累，這時就要再堅持一下，看看自己忍耐的極限到底在哪裏。我第一次跑完十公里時，內心十分震驚，就好像有人認為自己寫不出文字，可他們參加挑戰時，一天之內能寫上萬字。

我們對自身的了解太少，所以得用行動不停地嘗試，拓展自我。

可以加入自控力強的團體。觀察你身邊的人、你喜歡的人，他們是最容易影響你的人，你會在無形中模仿他們。比如我們寫作群的群友，沒進群之前他們幾乎什麼都不寫，也不學習。進群後，他們一個比一個愛學習。這，就是群體的力量。

想想看，在原始社會，如果你跟不上大家前進的腳步，一個人孤零零地落在後邊，就會面臨死亡的危險——可能會被野獸吃掉。在現代社會，如果你不提升能力，不更新知識，餓死的可能性比較小，但也還是可能吃不飽飯。

如果去農村，你會發現很多農民可以熟練地操作智慧手機。而你——一個都市的新新人類，卻拒絕最新的科技，甘願當一隻井底之蛙，是不是要反思一下呢？

加入自我精進群體，不僅能提升自我能力，還會讓你獲得他人的尊重和認可，這也是我們存在的價值。一個人處於精進的狀態，不僅會讓自己優秀，也會影響身邊的人。

所以，你的自控力能不能提升，由你自己來決定。

22

別說自己是懶人，你可以很勤奮

先行動，求有再求好

從小讀書這件事堅持了十幾年，為何畢業後的學習總是三分鐘熱度？不是懶，而是環境不同，人是會被環境「馴化」的動物。

一些文章的作者經常會批評別人懶惰，說實話，其實我對這些挺反感的。一個人被貼上懶惰這樣的標籤後，極容易產生自卑心理，徹底認為自己：「沒耐心，不行了，就這樣吧」。

我之前也經常說自己懶，後來，在看了正向心理學方面的書後，我就嘗試著改變這一語言習慣——因為這是消極的暗示。當你的消極暗示接收多了後，你會覺得自己天生就這樣，就更不願意去行動了。

用懶惰來評價一個人，也意味著你並不願意對「懶惰」背後潛藏的原因進行深度分析。畢竟，簡單的一個「懶惰」就把人給否定了，這其實比較輕鬆——反正都是懶惰的錯。其實我們更需要的是探究「懶惰」背後的原因，看能否透過什麼辦法改變我們的行為模式，而不是給自己蓋棺定論，認為自己沒救了，進而自暴自棄。

完成大過完美，移除心上三塊石頭

我們可以問問自己：如果不願意做一件事情，那是因為什麼呢？

有以下幾種情況，你可以列出來，然後逐一進行反駁：

第一，不是不願意，而是覺得自己沒有準備好，想準備好了再去做。

有不少人都跟我說他們喜歡寫作，我說，那好啊，今天就寫起來。可他們會接著說：「那不行，我要準備好了再寫，現在還不是寫作的時候。」其實也不能說他們懶惰，因為他們確實是這麼想的。只是，什麼時候才算準備好了呢？

這時候，就要提醒自己：完成大於完美。

別等待，先行動起來。

第二，你對一件事根本沒興趣、沒動力。

如果某件事是你的工作，你必須完成，那你就要想一想：到底是你沒興趣，還是你沒有把這件事做好？

如果你把某件事做到了最好，超越了大多數人，你還會沒興趣嗎？可以用盡全力試一試，如果做到最好，還是沒興趣，那再換一件事來做也不遲啊。

第三，你害怕事情做不好被批評。

你是人，是人就難免會出紕漏，你只要盡力就行。想一想某件事最壞的結果是什麼，你能否承擔。如果你不想被批評，那就永遠不要行動。但那樣的話，你也永遠不會進步。

再來說說堅持不下去時怎麼辦。這就涉及人們常說的毅力、耐心、自制力之類的品質。這些所謂的「優秀品德」難道真的是與生俱來的嗎？除了優秀的人，其他人就不行嗎？我們就該失敗嗎？

回憶一下，我們從小學到大學，讀書這件事是不是堅持了十幾年？這難道不是我們堅持最長的一件事情嗎？難道我們沒有毅力嗎？沒有毅力的話早就讀不下去了！

為什麼你上學時，學習可以堅持那麼久，而畢業後的學習就三分鐘熱度呢？最根本的原因，不是你懶，而是你所處的環境發生了變化，所以，你的行為也變了。人是會被環境「馴化」的。

你上學時，每次學習課程，都有具體的目標：學完後要寫作業，老師要檢查；還會考試，考得太差了很丟人……

可是，當你畢業後再學習時，這時，已經沒有了目標，也沒有回饋，能堅持學下去才怪呢。坐以待斃不是我們的風格，我們要抗爭、突圍。

不妨試試改變你所處的環境。

拿我的運動實踐為例。在「微信運動[註1]」開啟之前，我是從來不運動的。就算運動，我也根本不知道自己跑了多少步：心裏太沒底了，缺乏回饋。等有了顯示步數的運動軟體後，我突然發現，跑步成了一件好玩的事，蹦一下，軟體中的數字就變了；跑幾圈，那數字就會飛速變大。這種回饋來得太及時了，我對運動的興趣更濃了。

但這還不夠，還缺乏監督機制。於是，我建了個運動群，規定每天誰要是完成不了一萬步的打卡任務，就在群裏發紅包。這下可好，因為每次由於違規而被迫發紅包，感覺好心疼，大家都盡量抽空運動，每個人都堅持得很好。

1　微信運動：指用計步器、智慧手環等記錄自己的運動數據。

想一下，每天運動一萬步非常划算——不僅鍛鍊身體，省了紅包錢，還能在群裏揚眉吐氣。像這樣，我一下子堅持運動了好幾個月。對我來說，這是件非常不可思議的事，因為我從不相信我可以做到。然而，改變環境後，我做到了，而且至今我還在堅持。

羅永浩在參加許知遠的訪談節目時說了這麼一段話。他說：「每天發六十秒語音，你堅持三個月試試。我永遠不會習慣這麼高強度的勞動。但是，我被環境綁架了。我的同事，我的投資人，我要對他們負責。一旦一件事你堅持了三個月，不是意志力起作用，而是你嘗到了甜頭。我從來不相信勇敢、堅持、毅力這些，人都是被甜頭『餵養』的，被周邊環境『馴化』的。」

由此，我想到了我在公眾號上連載小說的那段時間。其實我原來根本堅持不了，因為相比動腦筋去思考故事情節，我還是更喜歡刷社群，跟別人瞎聊。但為什麼我還是堅持連載完了呢？

有兩個原因，一是為了交寫作群的作業；二是每天都有人催我，對我威逼利誘。所以，我也是被環境「馴化」了，不得不一路堅持。

試一試吧，別再說自己懶，改變你的思維和行動，改變你所處的環境。也許，你會有意想不到的收穫。

23 允許自己脆弱，哭完了再勇敢地上路

毋須故作堅強

讀書時，師長只看成績；工作時，老闆只看業績，沒人教我們如何應對悲傷。接納脆弱，用眼淚療傷，說明你是一個有血有肉的人。

如果讓你在堅強和脆弱之間選擇，你一定會毫不猶豫地選擇當堅強的人。這不奇怪，因為我們從小到大都是被如此教育的。就好像有句話所說的——「你若不堅強，沒人替你扛。」

我們渴望堅強，因為大部分時間我們處於脆弱的狀態。可我們不敢承認，我們害怕袒露軟肋，一個個都裝得像超人一樣。所以，當你被生活暴擊，想蹲下來哭泣時，內心總有個聲音告訴你：「不許哭，人生不相信眼淚。」

這句話我在很多地方都看過，每次看到都很生氣，怎麼連哭一下都不行了？我是個脆弱而敏感的人，雖然表面上我看起來堅強，可在這個壓力大的社會中，你敢說自己脆弱，就是在給自己添煩。

脆弱公平地出現在所有人身上

你去某個公司面試，老闆最喜歡看你在履歷表上這樣填寫：抗壓能力強。

其實，不少職場上的人內心是痛苦的，只是不敢表露出來，就只能偽裝自己抗壓能力強。可這樣的偽裝能撐多久呢？

那些要求員工不能有玻璃心、不能哭泣的公司與企業領導，他們的抗壓能力又有多強呢？他們在深夜裏沒有痛哭過嗎？他們敢把自己的痛苦感受跟員工傾訴一下嗎？

我們都有脆弱的時刻，這是真相。脆弱的時候，我們會痛苦，因為我們是有感情的人，不是冰冷的機器人。然而，我們拒絕承認脆弱，並且以脆弱為恥，這反而讓我們更痛苦。

我的公眾號曾經開了一個聊天業務，有個讀者給我發紅包，說要找我聊聊。他說，自己最近一遇到難過的事情就想哭。他覺得很丟臉，一個大男人怎麼能這樣。

我說，聽了你說的，我心裏有點平衡了。我遇到悲傷的事情也會哭，邊哭邊鄙視自己，以為全世界就我最脆弱。原來這樣想的不只我一個人，我瞬間被治癒了。

這個讀者哭笑不得，本來，他是來求安慰的，結果卻安慰了我。不過，我也告訴他，一個男人哭泣並不代表他是一個無能的人。允許自己脆弱，用眼淚為自己療傷，說明你是一個有血有肉、有情感的人。

我曾經以為，優秀的人從來不會脆弱，他們就像鋼鐵一樣能夠忍受生活給予的種種困苦。可是，經過觀察，我發現這種認識是錯誤的。

我剛畢業時，一位姓何的客戶請我和同事吃飯。他開著豪車，人也很有紳士風度，在我看來，他就是典型的菁英人士。我們相約在一家高檔飯店見面。到了飯店後，服務員帶我們去了一個包廂，然後拿來菜單讓我們點菜。

我和同事忙了一天，早已經餓得饑腸轆轆，也不謙讓，看著菜單就點了起來，點完了才想起何先生還沒點呢。誰知道，何先生連菜單都沒看就點了一盤青菜。

他還問我們：「你們要喝酒嗎，我車裏有紅酒。」我說：「喝，還要喝好的。」於是他跑了出去，從後車箱裏拿來兩瓶據說很昂貴的紅酒請我們喝。

菜很快上齊了，我和同事不管不顧，開心地吃了起來，淑女形象在美食面前都沒了。何先生也拿起筷子，但只夾了兩筷子青菜，又放下了。他說要開車，不喝酒，只喝白開水。

於是，一幕滑稽的景象出現了：一個大男人喝著白開水，看著兩位女子吃肉喝酒。

我們很不好意思，邀請他也吃菜。他說：「我吃不下，心裏有點事，看妳們吃就好。」我和同事就跟他聊，尤其是我，還擺出一副知心姊姊的架勢：「有什麼事，說出來我們開導開導你。」

何先生跟我們說了他公司裏和家裏的煩惱，讓我很詫異。我沒想到，原來我們眼中的成功人士也有這麼多煩惱。我們跟著長吁短嘆，一起吐槽他的競爭對手，慢慢勸導他。後來，他的心情逐漸變好了，胃口也好了點，多喝了一碗粥。

那件事帶給我很大的震撼。想不到，一個看起來事業有成的人也會這麼脆弱。而且，和我們普通人不一樣的是，他們還要小心地掩飾。他們更害怕別人窺見自己的脆弱，因為這個社會拒絕脆弱，尤其是拒絕成功人士的脆弱。

沒有人教我們如何應對悲傷和脆弱。讀書時，大家只看成績；工作時，長官只看業績和利潤。就這樣，人的情緒漸漸被忽略了。我們在前行時，必定會承受很多委屈。

接納自己的脆弱後，又該如何走出來呢？這是需要我們思考的。我們不可能一直蹲在那裏哭。對此，我有幾個小建議。

不要一直躺在床上睡覺。一個人受了委屈，心靈上遭遇的痛苦和挨打時的痛苦很相似，都想找個沒人的地方躲起來，縮成一團，不敢面對現實。很多人選擇窩在家裏，足不出戶。

但一直待在家裏，人很容易走極端。你要盡量出來多走動，因為行動才能帶來真正的改變。

走出家門，哪怕是去外面吃點東西、散散步，都能緩解情緒。最好去公園或者有綠色植物的地方轉轉——大自然是最好的療傷藥。

寫點文字，把所有不滿和委屈都寫出來。寫作是療傷的好辦法，你可以把自己的情緒盡情地釋放在筆端。這種方法我試過很多次，屢試不爽，你也可以試試。

和你最信任的朋友聊天，訴說心裏的苦惱。聊天也是一種療癒。有時，我們換個角度看問題，結果可能就會截然不同。

整理房間，讓一切看起來清清爽爽。把房間收拾乾淨，把自己打扮得漂亮點，然後來個自拍。你會發現：噢，怎麼我又變美了？這樣一想，心情就會好一點。

如果實在走不出來，還可以求助於心理諮詢師，他們會從專業的角度為你分析、解決問題。

放下你的盔甲，想哭就哭。哭完了為自己療傷，然後勇敢地繼續前行！

CHAPTER 5

克服懶惰，跟拖延症說再見

行動力強的人，
也是經歷過內心掙扎，
才變得強大、自律的。

先行動起來，
將大任務，
拆解成小項目，
讓行動的阻力大為降低。

24 告訴你一個不拖拉的祕訣

用行動帶動心情

一開始，我也擔心心情不好會影響效率。可是心情變化無常，想等到心情好了再行動，可能要等到下輩子。

很多人在做一件事情前，會糾結半天，找很多藉口逃避。拖呀拖，拖到最後一刻，匆忙完成。最後，事情雖然完成了，但他們的內心是崩潰的。因為下一次，這樣的局面會再次重複，形成惡性循環。

有人可能會說：他們這些拖延症患者，就是太懶了，非得拖到最後一刻。

說實話，我也是這麼認為的。我效率低下時，自己都討厭自己，更不用說別人了。但我也挺委屈的：並不是我懶惰，而是我想等有了動力，全都準備好了之後，再來做某件事情。這樣，我就可以做得更好，這有什麼錯嗎？

我有個老同事鵬哥，做事十分俐落。他效率很高，工作上的事情，如果無需同事協助，他永遠都是超前完成；如果需要同事配合，他一定是主導者，因為對他來說，其他人太慢了。

做事速度慢的人是沒有資格待在鵬哥的團隊的。他強悍的執行力，確保了他在職場發展得順風順水——年紀輕輕的他已經做到了高級主管級別。

不僅工作上如此，鵬哥在生活中也是強人一個。比如說早起跑步，通常情況下，我迷迷糊糊剛睡醒，就看到他在社群中說已經跑完步，在吃早餐了。而我的早起跑步計畫永遠只能持續幾天時間，不會長久。

鵬哥幾乎沒有為拖拉發過愁，好像這個詞在他的世界裏根本不存在。他在我們的社群裏簡直就是神一樣的存在。

我深受拖拉之苦。其實，真不是我懶，而是我缺乏動力。我不明白他天天哪來那麼強大的動力，是真的出於興趣嗎？可是，我的興趣就是吃喝玩樂，這可怎麼辦呢？

行動的過程，積極性會被調動起來

我壯膽請求鵬哥透露不拖拉的祕訣，他說：「妳以為我想早起嗎？我也不想啊。早晨半睡半醒那一刻，我沒有意志力，更沒有動力，只想把鬧鐘關掉繼續睡覺。但我還是爬起來了。為什麼？因為我的祕訣是：別想那麼多，先行動，然後就有動力了。」

聽他這麼說，我有點懷疑自己了：難道我一直以來的想法都是錯的？我以為有了動力、有了心情才能做事，沒有動力，沒有心情，我會一直拖下去，拖到最後一刻沒辦法了，才硬著頭皮上。

他又說了一段話開導我：「妳的認知是錯誤的，妳要改變妳的認知。我做很多事情前，其實也都沒有心情，提不起勁。我也是人，也會脆弱，也會糾結。面對棘手的問題，我也想逃避。但我不允許自己糾結太久，即便再沒有心情，我也會說服自己立刻行動。在行動的過程中，我的積極性會被調動起來，心情會慢慢變好。有了動力，事情就這麼完成了。我嘗試了很多次，每次都是這樣，所以我基本上不會拖延。」

我問鵬哥：「這樣做事的話，效率高嗎？事情會做得很好嗎？我擔心心情不好，做出來的事情品質也不高，那還不如不做。」他說：「剛開始，我也擔心心情不好會影響效率，可心情這玩意變得快啊。妳要想等到心情好了後再行動，可能妳要等到下輩子了。比如說跑步，我每天從早起到出門跑步，一共要花二十分鐘，眼睛都不想睜開，心情都是灰暗的。我心想，為什麼別人都在舒舒服服地睡懶覺，我卻在跑步？可是那又怎樣，我跑著跑著就不痛苦了，愈跑心情愈好，就停不下來了。現在，我成了你們的榜樣，動力也更強了。我發社群時，是不會告訴你們我內心的掙扎的，哈哈哈……」

聽他這麼說，我學會了一個戰勝拖延症的祕訣：不要想那麼多，先行動起來。那些行動力強的人，他們也是經歷過內心掙扎才變得強大、變得自律的。

將大任務拆解成小項目

有人會說：「我知道你說先行動是對的，可有時面對非常艱巨的任務，真沒有辦法行動啊！」

那怎麼辦？可以把大任務進行拆解，再一點一點完成。

比如寫論文，很多人光是想一下，就覺得頭疼，更別說開始寫了。我也寫過論文，首先是確定論文題目，確定之後，我就把文檔關閉，將其束之高閣，再也不想看第二眼了。一想到論文的事，我感覺心口像堵了一塊大石頭，痛苦不堪。這麼難的東西，我怎麼能寫出來？還是先別碰了。其實，我並不知道寫論文有多難，我只是道聽塗說，聽別人說非常難，於是我就退縮了。

可一直擱置也不是辦法，眼看論文答辯的時間愈來愈近，我這論文還毫無動靜，怎麼辦？我只好強忍內心痛苦，再次打開檔案。我沒有一開始就下筆寫，而是將論文分成了幾個部分，列出了題綱，化大方向為小目標。

拆解後，我發現事情好像有了點眉目，感覺論文也不那麼可怕了。接著就是查資料、看書，按照拆解的部分，每天往前推進一點。

遇到比較困難的情況時，我就層層推進，每天寫一點點，不知不覺間就把論文寫完了。當時，我好像經歷了一場酷刑，雖然痛苦，但好在結果是好的，也讓我獲得了很大的成就感。後來，每當遇到大任務時，我就盡量將其拆解成很多小項目。這樣，行動的阻力就減小了，我也更願意面對。

如果你有拖延症，不妨試試上述這些祕訣和方法。它們也許不會每次都起作用，但只要堅持下去，一定會有好的結果。

25 偶爾放棄一下也沒關係

斷斷續續的堅持好過徹底放棄

讓「完美自我」學會接納「現實自我」，互相支援打氣，振作精神後，繼續往前走。

一說到三分鐘熱度，很多人都深有體會。我們總是制定許多計畫，可在堅持了兩三天後，就放棄了。放棄計畫，有可能是因為計畫制定得不夠合理，也有可能是因為計畫和你的目標相差十萬八千里，你只是跟風而已。

還有一種情況，大家也並不陌生：你的計畫很合理，每天需要完成的任務也適量，但在堅持了一段時間後，你突然忘了這事。等你再想起來時，心裏異常懊惱，有一種罪惡感，覺得完美的計畫遭到了破壞，那乾脆徹底Game Over（遊戲結束），不玩了。

我就出現過這樣的狀況。有段時間，我給自己規定好每天要早起。堅持了一段時間後，我發現自己每天早上做事效率很高，一整天都有好心情，我對自己很滿意。但是過了兩天，我就把這事給忘了，等後來再想起來，也沒有動力繼續了。

懶覺是睡足了，白天的時間卻也縮短了不少。由於沒有早起，我會帶著內疚的心情開始一天的工作和生活，並時不時痛罵自己：連早起都做不到，還談什麼實現夢想？

於是，「完美自我」和「現實自我」之間開始了激烈碰撞。「完美自我」惡狠狠地罵道：「你這個人，計畫制定得好好的，為什麼不執行呢？你知不知道，當你睡懶覺時，別人都在學習啊？你這麼不上進，真是太令我失望了！就你這樣，能做成什麼事呢？」

「現實自我」很羞愧，同時也有點憤怒：「去你的完美計畫，反正你的要求我做不到，你還老罵我，我不跟你玩了。我就是要睡覺，我就是要破罐子摔碎。拜拜，你自己玩吧！」

然後，「現實自我」不再搭理「完美自我」，過起了逍遙自在的日子，一個計畫都不再執行了。由於一切具體的任務都是靠「現實自我」來完成的，所以，當「現實自我」拒絕合作時，「完美自我」就沒有實現的可能了。這時候一個人的成長就停滯了。

放下「完美自我」的執念

有的人要減肥，就給自己制定了嚴格的節食計畫，偶爾有一天沒忍住，吃了個冰淇淋，因而被「完美自我」激烈地控訴和批評一番。於是，心一橫，乾脆不減了，繼續吃吃吃。

我的閨密小雯想要減肥，就給自己做了個食譜，一日三餐吃什麼喝什麼都安排得很詳細。剛開始，她堅持得很好，可後來有一天晚上，她實在是餓得受不了了，就吃了份宵夜。

這是超出她食譜計畫的，她很緊張，也很自責，覺得自己對節食計畫執行得不夠完美。於是，第二天，小雯乾脆放棄計畫，不減肥了，想吃什麼就吃什麼。

那麼，怎樣才能讓「現實自我」帶著愉悅的心情堅持到底呢？這需要「完美自我」學會接納「現實自我」偶爾的放棄。和每天堅持辛苦地跑步鍛鍊相比，很多人更想躺著什麼也不幹。

「完美自我」應該打破自己的執念，允許「現實自我」在執行任務的過程中有一些小瑕疵。比如，學習一樣新東西時，「現實自我」剛開始學得很認真，但新鮮勁一過，就把學習拋到一邊了。

這時候，「完美自我」會出來提醒我們。請注意，這時，提醒的方式很重要。

第一種是喝斥與責罵。比如：「你這個傻瓜什麼都幹不了，真是笨死了……」

我在跟小雯聊天時就談到了這個話題。她說，當她不能更好地堅持時，她就是這麼說自己的。她認為自己就是很笨，什麼也做不到，乾脆放棄吧。

我還認識一個叫小茹的女生，她剛學游泳時非常有熱情，每週都會去。後來，她的熱情就開始慢慢消退了。有一次，她因為家裏有事就沒去，內心非常自責，於是就暗示自己：我不是游泳的料，以後不學了。

這種喝斥提醒的方式會讓人有壓力和負罪感倍增，心情沉重，哪裏還有心思繼續學習呢？

第二種是理解與安慰。比如：「忘了執行計畫沒關係，放棄不是什麼罪過，你應該休息一下。再說了，你已經堅持得不錯了，以後繼續堅持實施就好。」

偶爾放棄，但不影響長遠目標

我以前經常用第一種方式攻擊自己，結果整日沒精打采，什麼也不想幹。後來，我慢慢轉換思維，允許瑕疵存在，結果發現自己反而能有一些進步。

比如學英語，在學了幾天後，因為其他事一耽擱，很多新背的單字完全忘記了。某天，我忽然想起來，趕緊再學一些，而不是說乾脆不學了。這種偶爾放棄，但是又斷斷續續地堅持學習，要比徹底放棄強很多。

我的寫作夢想也曾中斷過。有一段時間，不知道為什麼，我就是不想寫了，之前列好的選題連看都不想看。我坐在電腦螢幕前，大腦一片空白，一個字都敲不出來。那時的我很害怕：我是不是文思枯竭，以後再也寫不出來了？

於是，我暫時停止了寫作，開始讀書、看電影、看展覽。沒過多久，我又想寫了，就繼續堅持寫作，一直到今天。寫作期間，偶爾的放棄並不影響我的長遠目標。我允許自己偶爾出現倦怠、沮喪、放棄，正好給自己一段放鬆的時間，然後振作精神繼續往前走。

今天，你可能被懶惰打敗了，明天也被懶惰打敗了。怎麼辦？沒關係，後天你要爬起來，努力打敗懶惰。

也許，你還會繼續被懶惰打敗一千次，但你要一千零一次地站起來和它對抗——這就是精進的人生，也是我們奮鬥的意義所在。

26

去做一些你厭惡的事情

逆風而行之必要

有時人在順著感覺走時，並不是真正聽從心底的聲音，而是在逃避有難度的事情。

經常聽說有人瀟灑地辭職去旅行、去流浪。他們說：人啊！要聽從自己內心的聲音，不要被庸俗的事物所困擾。他們覺得，每天「朝九晚五」地上班令人厭煩，只有自由自在、無所拘束的生活才能讓人快樂。

我不贊同這樣的觀點。我發現，那些辭職去旅行的人，很快會面臨一個尷尬的現實問題：沒錢了，自由行也進行不下去了，還要回到原來的生活中。

當然，如果你是一個已經實現了財務自由的人，你說走就走，去追求自由，那我還挺羨慕的。可我在現實生活中見到的大多數辭職旅行的人，最後都卡在金錢這道關卡上。

至於我自己，為什麼沒能放下一切說走就走呢？一方面，我確實還未實現財務自由；另一方面，我認為人不能只被內心的感覺所控制。

人的感覺非常玄妙。所謂感覺，是大腦對外界事物進行認知後的運作結果。同一件事情，不同人的大腦會有不同的感覺——因為認知方式不同。而同一個人在同一天的不同時段，感覺更是千變萬化。

一天之內，我的大腦中會閃現無數個念頭，感覺也隨之起伏不定，難道我就要放任自己追逐內心的感受嗎？如果有些感覺根本就是歪曲事實，那還要聽從內心的聲音嗎？

比如一個剛畢業的大學生，好不容易找了一份合適的工作。他才做了三天，因為出了差錯，挨了長官批評。你說他內心難受不難受？他當然難受啊。那他難道也要跟著內心的感覺走，辭掉工作，回家賦閒嗎？下次他又找了份工作，受了氣，還一氣之下辭職嗎？如果總是這樣，還怎麼生存，還怎麼提升能力？

待在舒適圈，可能永遠在山腳下打轉

有的人在追逐內心的感受時，其實不是真正地追逐，而是在逃避有難度的事情。

樂雷是我的一個讀者，他是做設計的，常跟我訴苦，說經常跟客戶有分歧，客戶總是不滿意，讓他一改再改。他十分受挫，心裏很難受，也愈來愈不喜歡這種感覺。於是，他憤然離職，以為以後就再也不用應對什麼挑戰了。

剛離職時，樂雷確實挺開心的——終於不用再面對難纏的客戶了。但是，雖然表面看來他聽從了內心的感覺，但他也遺憾地錯過了磨礪自我的機會。

有誰在工作中沒遇到過讓人不愉快的事情呢？那不就是挑戰和磨礪自我的機會嗎？沒過多久，樂雷就後悔了。他之前所在公司各方面的待遇都很不錯，他找了很久也沒能再找到同等待遇的公司。

研究發現，人類的基因設定就是喜歡輕鬆舒適，因為這樣可以節省能量，讓人活得更長久。遠古時代的人類普遍會出現這樣的基因選擇，因為可利用的食物資源太少，不能輕易損耗能量。

而現代社會就不一樣了，吃飽穿暖已經不是問題，可人們還被基因控制著，下意識中總想偷懶，逃避那些麻煩的、有難度的事情。

於是，我們一直在逃避，可我們卻不願意承認，只好美化自我：我在追逐內心的聲音，看我活得多純粹。

事實真是這樣嗎？我不否認，有的人確實從小就知道自己內心想要什麼，比如想當作家、科學家、醫生。他們目標清晰，可以一往無前地追逐夢想。可更多人活在渾渾噩噩中，根本不知道自己的目標是什麼。有的人直到死也沒有什麼人生目標，糊里糊塗地過完了一生。

為什麼一些人尋找目標這麼難？因為他們對當下的事情投入不夠，一遇到問題就逃避，一遇到障礙就退縮，只能在事情的最底層打轉，永遠體會不到更高層次的美妙感覺。

就像爬山，如果你站在山腳下，視野只有那麼一點，當然無法看到更多美景。要想看更美的風景，就必須登頂。然而你可能會這樣想：爬山這麼麻煩，還要出一身汗，還是不爬了吧。

你換了一座山，沒爬幾步，又覺得太累了，於是決定放棄不爬了，然後抱怨此山無風景。但你不知道的是，那些辛辛苦苦爬到山頂的人，此刻正喝著清涼的飲料，怡然自得地欣賞著山頂美妙的風景。

直球對決，勇敢吞下人生的苦藥

我的老同學輝哥在一家外貿公司做銷售，每天累得要死，還拿不到什麼佣金。他經常在我們的好友群裏抱怨說他討厭這份工作，不想幹了。

有的朋友說：「既然這樣，那就辭職吧，現在流行為自己而活。」又有朋友說：「可不能輕易辭職啊，你辭職了誰養活你，要不再試試？」

輝哥實在覺得受不了了，索性去找上司聊天，問上司他是不是不適合這份工作。他的上司幫他分析了當前遇到的難題，並教給了他解決的方法，還開導他說：「你不妨使出全力試一試，等有了業績，你就會愛上這份工作的。」

之後，儘管輝哥在銷售工作中仍遇到了很多挫折，但都不妨礙他成為業務成交量最大的銷售人員。現在，他成了行銷專家，還經常參加行業論壇，分享行銷經驗。

現在的輝哥從不說自己討厭工作，而是成就感滿滿。如果當初他只是因為一時難受就放棄工作，哪來他今天傲人的成就呢？

那些讓你感覺討厭的事，也許隱藏著很大的機會。所以當你還有潛力可挖時，當你想要退縮時，千萬不要被消極情緒帶偏了。

我在微博上看到——炫先森講他的朋友素子花殤是如何寫作的。素子花殤是一位網路作家，她在七年內寫了八部長篇小說，平均每部長篇小說有一百萬字。

這樣算下來，素子花殤要每天寫三千字左右。那麼，她是怎麼做到的呢？

她說，每個人每天可能都要完成一些有困難、有挑戰的事情，這些事情就好像是苦藥。

反正這藥早晚要吃掉，還不如仰頭一口吞下去。所以，素子花殤即便再難受，也會強迫自己坐在電腦螢幕前開工。就這樣一天又一天，她才寫出了那麼多作品。

我看到這篇文章時，很受觸動。我想，我也要直面那令人生厭的「苦藥」，勇敢地把它吞掉，而非畏難、逃避。

正向心理學家米哈里．契克森米哈伊說：「每天將若干精力轉移至自己厭惡的和未曾做過的事，或想做卻嫌麻煩的事情上。世上值得看、值得做、值得學習的趣事何止千萬，但我們若不肯花費心思，便無法嘗到真正的趣味。」

我深以為然。

27

對你的「壞習慣」說聲謝謝

接納才有新風景

壞習慣就像一位老友，有時讓我們跨不出熟悉的交友圈，卻沒發現它帶來保護的一面。

有很多人不想做自己，因為自己的壞習慣太多，看自己哪裏都不順眼。如果真要挑毛病，那真是幾籮筐都說不完。

比如說我，我對自己的一些習慣很抗拒，想消滅它們。我經常悲觀過度。我有一項神奇的本領，那就是不管遇到什麼事情，都可以迅速地揣測相應的事最壞的後果。

有一次，我要做線上分享。節目還沒開始呢，我就在心裏想：萬一有人砸場子怎麼辦？萬一有人罵我講得不好怎麼辦？想到這些，我心跳加快，恐懼感襲來，整個人坐立不安，如臨大敵。後來，我努力克服恐懼感，提醒自己深呼吸，勇敢地接受挑戰。可下一次，當新的挑戰來臨時，我還會下意識地想到最壞的後果。

我十分不喜歡自己的這個缺點。我希望自己能像別人一樣輕鬆愉快地接受挑戰。可對於我來說，想改變思維真的很難。

還有一次，朋友瑞瑞約我抽個時間見一面，她想跟我說件事。我一聽就慌了，趕緊回想自己最近是不是得罪過她，她這是要跟我絕交嗎？

於是我跟瑞瑞說：「有什麼事能不能趕緊告訴我啊，別讓我等著，不然我受不了。」然而，她不聽，非要跟我見面。

後來見了面我才知道，她要說的是她的情感困惑。她最近喜歡上了某個男生，想讓我幫她分析一下對方是否可靠。我們愉快地聊了一個晚上。看，事實並沒有什麼可怕的，可是我總是把它想得非常可怕。

我行動力也挺差，做事總是優柔寡斷。而我們寫作群的一位成員思媽，卻是個絕對的超前派。她做事從不拖延，每次的寫作練習她總會以最快的速度完成。

我很羨慕她，也想達到她那樣的狀態。可舊有的習慣力量很強大，我愈是想盡快完成某件事情，注意力就愈不聽使喚。我總在緊要關頭不停找藉口刷手機或者打瞌睡，就是不想面對當下要做的事情。

事事拖延的壞習慣，已經嚴重影響了我的進步。

我處事也不夠冷靜，顯得比較情緒化。有時，在微信裏看到某人的留言讓我不開心，我會直接將對方「封鎖」。如果有朋友指出我有什麼不足，我會直接吵架，將其言論看成對我的惡意攻擊。

事實上，有時別人真的是出於好心，只是表達方式沒那麼委婉而已。只要我稍微冷靜思考一下，就能給出一個穩妥的回應。但我卻很難做到，第一反應就是築起心理堡壘為自己辯護。

記得有一次，我跟一個同樣喜歡寫作的文友連續吵了好幾天。我把自己掌握的辯論知識都搬了出來，就是為了讓對方屈服。結果愈吵愈生氣，我一衝動，就把人家「封鎖」了。過段時間平靜下來，我想起這事，覺得自己不該衝動，再想重新加好友時，已經找不到人了。

我還有個壞習慣——經常跟那些優秀的人比較。一比較就覺得自己各方面都不如人家，是個徹底的人生失敗者，因而心情很沮喪。我自己也知道這樣不好，可下次看到別人時，還是會忍不住在心裏吐槽自己。

與壞習慣鬥爭，讓內心更分裂

其實這就是所謂的內心分裂——無法接納真實的自己。如果一個人天天在內心進行自我鬥爭，真不是一件令人愉悅的事情。我們一方面渴望更好的自己，一方面排斥現存的「壞習慣」，導致內心壓抑痛苦，很難感受到輕鬆快樂。

直到有一天，我看到了一本書——靈性大師阿南朵（Anando）的《對生命說是》。她在書中對「壞習慣」的詮釋給了我全新的啟發。

她說：

你應該感謝你的「壞習慣」，因為它們一直在保護你。當然，它們也給你帶來了一些限制。

這樣的說法，讓我有如醍醐灌頂。

比如，我的過度悲觀可以讓我預料最差的結果，讓我提前做出應對方案。它讓我把對事情的期望放低，從而不會有太多失望情緒。確實如此，假如我真的遭遇失敗，我會痛苦，但是也能接受，因為我都預料到了，一切都在我的掌控之中。

反之，如果事情很順利，我反倒覺得有點不習慣。

我應該感謝這種習慣模式對我的保護，同時也要意識到其局限性所在——過度悲觀會讓我過於謹慎，抓不住新的機會。

行動力差這個壞習慣，可以讓我有暫時的避風港，不用面對外界的危險，保護我免於體會失敗之痛。但這也有局限性——它會讓我錯失一些新挑戰。

記得有一次，因為我寫稿子太拖延，在截止日期前沒有完成答應好的寫作任務，把對方給氣走了，那個人自此再也沒搭理過我。

處事不夠冷靜，有時顯得情緒化，在一定情況下可以保護我不被人傷害；但這對我的心智模式提升沒什麼好處，而且總會傷害到好心人，讓真正想幫我的人對我心懷恐懼。很多時候，別人對我的批評是有參考價值的，我應該冷靜分析，然後聽取意見，進而改進自己的行事風格。

經常和優秀的人比較，可以讓我看到更廣闊的世界，知道這個世界「人外有人、天外有天」，即便自己取得了一些成績，也沒什麼可驕傲的。這種比較可以讓我保持謙虛，不自高自大。但它卻也容易讓我喪失自信。

感謝自己的這些「壞習慣」，它們曾經讓我免於遭受很多傷害，讓我在脆弱時可以躲起來為自己療傷。

只是，隨著人生路途的變化，曾經的壞習慣也給我帶來諸多限制，讓我不能自由地探索更為廣闊的人生。

我也意識到了自己的局限性所在，正在努力突破、改變。

如今的我依然會悲觀，但是，當我感覺悲觀時，我會設想更多情況，會提前考慮應對方案。

我依然會拖延，但是會讓自己積極面對當下要做的事情，拆分任務，能做一點是一點。

我還是會拿優秀的人和自己比較，但是我會盡量學習他們的長處，而不是讓自己遭受打擊。

對壞習慣說謝謝，感謝它們的陪伴，然後，你將慢慢建立新的心理模式，體驗更為舒朗的人生。

28

工作，可以很快樂

你得了上班恐懼症嗎？

職場中最大的痛苦，是和公司的價值觀不一致，陷入了「要嘛忍，要嘛狠，要嘛滾」的天人交戰。

我經常看到人們在網上吐槽工作辛苦，要嘛是老闆嚴厲，同事不好相處，要嘛就是工作經常要加班，薪水低，還不被重視。

常聽上班族說的一句話是「上班如同上墳」。確實，不少人工作時如坐針氈，每天忍受著痛苦和折磨。

有個網路「大V」甚至還寫文章勸粉絲接受「工作就是忍受痛苦」這個真理：「為了生存，為了活著，要學會忍耐。這年頭，沒有幾個人是在快樂中工作的，大家都是靠忍耐堅持下去的。」

每當這時，我就會思考兩個問題。第一，工作就是要忍受痛苦嗎？第二，如果遇到讓自己感覺痛苦的工作，我們就必須忍受，難道說就沒有其他辦法了嗎？

這裏所說的工作，主要是指職場。對我們普通人來說，這一生都要工作，難道一生都要忍受痛苦嗎？這樣的人生，想想就很可怕吧？

待在不適合的職場，上班如同上墳

我剛畢業時在濟南找的那份工作，是我經歷過的最痛苦的工作。那是一家培訓學校，每個員工上班時都要重新起名字，按照學校給的姓來取名，並且不能向同事和學員透露自己的真名。

此外，還有很多繁瑣的規矩，像女生每天必須化妝、穿高跟鞋，見到長官、同事、學員都要鞠躬，尤其是見到大長官，還得行注目禮……一不小心就要被扣分、罰款。

這些苛刻的規定讓剛入社會的我膽戰心驚，每天上班都非常緊張。

最讓我痛苦的是我當時的長官，她每天都緊繃著臉，表情嚴肅，我幾乎沒見她笑過。而且，她幾乎每時每刻都在批評下屬，我每次上班時看見她都戰戰兢兢，真的是「上班如同上墳」。

那時的我得了「上班恐懼症」，每天很早就起床，起來就發愁該怎麼度過這一天。我實在不知道怎麼辦了，最後終於忍不下去，辭職了。

雖然後來經歷了很多曲折，但我最終還是找到了讓我快樂的工作，比如跑業務做銷售。這樣的工作非常符合我外向的性格，可以讓我發揮優勢，而且很自由。

我每天都騎著自行車在外面跑，拜訪不同的客戶，和他們聊天、談合作，還交了很多朋友。雖然這份工作很辛苦，但是我內心卻很快樂、很充實。

如果一個人真心喜歡自己的工作，那他表現出來的行為就會完全不一樣。我總是每天第一個到公司，第一個去跑業務，業績也是第一。加班對我來說是一種快樂，反倒是休息對於我來說是浪費時間。

「工作就是忍受痛苦」這個觀點其實是片面的。對於熱愛自己工作的人來說，工作就是一種享受；對於不喜歡自己工作的人來說，工作確實是一種痛苦。

但工作的快樂沒持續多久，我就遭遇了新的煩惱，而且是我認為的職場中最大的痛苦：和長官的價值觀不一致。

我想真心做事，真誠對待客戶，可我的長官卻要求我弄虛作假。我怎麼辦？糾結之後，只能選擇離開。

我之前認識的一個做編輯工作的朋友李立，他也遇到了這種矛盾。他的上司要求他：「只要文章閱讀量大，你怎麼搞都行。洗稿（對原創內容進行篡改）也可以，反正那些原創作者也沒精力打官司。」

李立剛畢業，他找的這份工作也算是「過五關斬六將」應聘得來的。他本以為可以安心工作了，結果沒想到剛上班就遭遇了「上班如同上墳」的苦惱。

李立說，他每天早上到公司，一坐到位子上，內心就開始打架，痛苦不堪。他是一個對自己要求嚴格的人，對文字的要求更是一絲不苟，他覺得文字是不能被褻瀆的。

但他的同事卻和他不一樣，同事的態度是：洗稿就洗稿，而且洗得好還有獎勵呢，為什麼不做呢？

後來他實在忍不下去了，果斷辭了職。這次的工作經歷給他的內心造成了極大的傷害，他跟我說，要先好好想想再繼續工作，趁這次機會好好思考一下工作的意義是什麼。

結合我們兩個人的經歷，我總結了　點經驗。

工作倍感痛苦，逃不開五個原因

一個人在工作中會感覺痛苦，無非就是以下幾種原因。

和公司的價值觀不一致。比如說，你想認真做事，你的長官卻要求你為了流量造假，你怎麼辦，會不會痛苦？價值觀不一致確實是一件很痛苦的事，不利於工作的開展。如果你恰好又是一個立場不堅定的人，就只能被動改變自己的立場。如果你是踏實做事的人，遇到像李立的長官這樣的人，那沒辦法，只有九個字——「要嘛忍，要嘛狠，要嘛滾」。

和同事關係不融洽，覺得長官對自己不公平。有位好友跟我訴苦說她因為討厭自己的長官，所以也討厭工作。她每次去上班，一看見長官進公司，整個人都不好了。再後來，那個長官終於調走了，她也可以鬆口氣，開始正常工作。

工作自由度低。就像我前面提到的，我剛畢業時找的工作，每天被長官盯著，狀態緊繃，完全發揮不出創造力。但是，追求高自由度的工作，需要我們有高度的自制能力和制定計畫的習慣，因為這樣的公司非常注重結果，長官不管你在工作過程中會遇到什麼問題，結果才是最重要的。

待遇太差。馬雲說過：離職的原因無非兩種，一種是幹得不爽了，一種是工資不夠了！很多職場人跳槽都是因為覺得工資待遇配不上自己的付出。我們要對自己工作的價值有所判斷，因為有些工作，長期利益比短期利益更重要。

如果一份工作隨著時間的推移可以讓我們擁有更多的人脈、技能、管道，那麼這份工作就算是待遇低一些也是可以接受的，因為這些東西在我們離職時都可以帶走，長期價值更高，值得我們付出。

沒有發展前途，跟不上時代步伐。這個就牽扯到了工作領域，如果你所在的領域即將被淘汰，那工作起來也會痛苦。不過，對於危機感強的人來說，他們都會提前了解行業趨勢，不會坐以待斃。而那些不關心行業趨勢的人，可能到最後一刻才意識到危險。

有一陣網上熱傳的高速公路收費站失業大姐哭訴自己——「三十六歲，除了收費什麼都不會！」就是職場上後知後覺帶來的痛苦。

快樂工作的關鍵，進入心流狀態

對現在的年輕人來說，感覺工作痛苦的原因簡直是五花八門。上班路程太遠、公司沒有零食、餐廳飯菜難吃、休假時間太少、不允許談戀愛等因素都可能導致工作痛苦。幸福的工作都是相似的，痛苦的工作各有各的痛苦。

既然工作有那麼多痛苦，難道說我們就無法快樂地工作了嗎？

當然不是。在我看來，快樂工作其實不難，關鍵是要找到能夠讓自己快樂的工作。

找工作有一個基本前提：與應聘單位價值觀一致，而且得是正向的價值觀。

每個人對正向價值觀都有自己的判斷，它的底線是不能為了金錢出賣良知，觸犯法律，這是所有人都必須堅持的。以它為前提，才能談快樂工作，否則，你是無法做到真正快樂的。一個天天弄虛作假、坑矇拐騙的人，即便取得了成功，那也是暫時的，違心帶來的快感不是我們所提倡的快樂。

人一輩子都要工作，如果我們能夠快樂地工作，為何非要在痛苦中掙扎呢？我們可以經由調整和嘗試，讓自己達到快樂工作的狀態。我們可以想辦法改變心態，體驗工作中的心情流動。

人們總以為上班痛苦，下班快樂，其實這是一種誤解。心理學家米哈里·契克森米哈伊經由實驗發現：**人們在工作中體驗到的心流狀態最多。**

什麼是心流狀態呢？簡單地說，就是你好似忘記了外界，忘記了時間，完全沉浸在當下的工作中。比如，我在寫作時就經常體驗到心流狀態，有時甚至忘記吃飯、睡覺，等到寫完回過神來，才發現時間已經過去很久了。

我們還可以主動改善與同事的關係。我曾經在寫作群裏推薦過一個寫作話題——「寫寫你最喜歡的同事」。有人告訴我說他一個自己喜歡的同事都沒有。

我建議他嘗試一下，盡力發現同事的優點，找出同事身上經常被人忽略的亮點。他冥思苦想一番後，還真的寫了一個同事。這一寫不要緊，他發現這位同事不僅有能力，還給過他很多幫助，並在關鍵時刻替他說過話。

他寫下來後，發給那個同事看。那個同事感到很意外，也很驚喜，沒想到平時高冷的他會主動表達感謝。兩個人愈聊愈對脾氣，就一起吃了個飯。他們的關係愈來愈融洽，後來還一起合作了一個重要專案。

主動賦予意義，哪怕意義微小

工作中的人際關係非常重要，對職場中的人來說，人際關係就是生產力，好的工作關係能夠為我們插上成功的翅膀。

提升個人能力，增加業績，多賺錢，這是一個很現實的工作循環。多年的銷售經驗使我對此深有體會。對業務員來說，業績愈好，工作愈快樂。如果業績不好，上班是很痛苦的。這條路是沒有捷徑可走的，你只能努力工作，用成績獲得客戶的認可。業績增加，賺錢多了，工作時能不開心嗎？

給自己的工作賦予意義，哪怕意義很微小。其實，有些工作崗位是無法用業績衡量的，比如說行政工作、後勤工作。

日本羽田機場有一位清潔工叫新津春子，她工作非常認真，打掃時不放過任何一個角落。雖然她只是一名清潔工，但是非常專業，對八十多種清潔劑的用法倒背如流，對污漬成分也瞭若指掌。

也正因如此，她在二〇一六年被評為日本「國寶級匠人」，她所在的機場——羽田機場也因此被評為「全球最乾淨機場」。

快樂工作的關鍵是你首先要熱愛和喜歡自己的工作。很多人說工作是為了賺錢，但是我們要知道，人不僅為了金錢而活，還為了信仰而活。

世界上有很多偉大的人物，他們工作不但沒有任何酬勞，甚至有時還會把自己的錢捐獻出去，比如德蕾莎修女、史懷哲醫師。這樣的人，就是為了信仰而活。他們認可自己的工作，從工作本身體會到崇高的意義感和成就感，金錢對他們來說沒那麼重要。

這些偉人的高度，我們可能一生都達不到。但是，我們可以先實現一個小目標，讓自己充實並快樂地工作，體驗工作的樂趣，不被痛苦束縛。

CHAPTER 5

克服懶惰，跟拖延症說再見

CHAPTER 6

高效執行是擺脫挫敗感的利器

阻擋前進的，
是內心比較糾結而成的雜念。
在他人和自己之中，
劃一條界線，
專心投入自己該做的事。
用高效執行、創造心流，
對挫敗感狠狠甩尾。

29

專心打好自己的牌

平靜看待社群網站的曬幸福

沒有比較沒有傷害，當你為自己手上的爛牌而心酸，有人卻因能求得溫飽，已經滿足。

每次一打開社群，我就像受到了千萬次暴擊一樣心痛，看著社群裏別人曬的生活照，我的心裏只剩下羨慕和嫉妒。有人曬旅遊照：逛著名景點，住五星級酒店，吃海鮮大餐；在沙灘上懶洋洋地曬著太陽，穿著比基尼，身材修長苗條……

人人都喜歡看美女，我也不例外，所以每次看完之後我都會低頭看看拿手機的自己：我這輩子會有這種身材嗎？會住五星級酒店嗎？會生活得這麼悠哉遊哉嗎？

有人曬幸福：「我老公對我太好了，把我寵得像個小寶寶，我要天上的星星他也會找個梯子給我摘……」

還有的曬個人成就：「很榮幸受到某某行業大會的邀請，本人獲得了年度最佳。」然後是獎盃照片、合影照片一大堆。

更有一些厲害的人，到處飛來飛去，不用為金錢擔憂，隨興自在，想幹什麼就幹什麼。

遇見打掃廁所的搖滾王子

人總是會跟別人比較，在心理學上有個專有名詞——社會比較理論。這種理論認為，我們之所以會跟別人比較，主要是因為我們每個人都具有評價自己的心理動機，在缺乏客觀的、非社會標準的情況下，我們會以他人作為比較的來源和尺度，透過對比來評估自己的態度、能力和反應的適宜性。

我每次看到別人曬幸福的照片時，都會在心裏暗想：為什麼他們能過得那麼開心愜意，而我卻這麼孤單寂寞？

我總以為自己是我的交友圈裏活得最慘的一個，卻忘記了，還有那麼多的人仍在苦難中掙扎。

大街上有一些流浪漢，他們睡在路邊，住在天橋下，衣不蔽體，整天在垃圾桶裏撿吃的。他們不是過得比我更辛苦嗎？

還有帶給我強烈觸動的是一個打掃廁所的男生。我住在某地的城中村時，因為住的地方沒有洗手間，所以只能去公共廁所。每天早晨醒來，我總能看見那個打掃廁所的男生。他每天都會用長掃帚和大畚箕，把那些污穢不堪的衛生紙裝到垃圾車的車斗裏。他幹活俐落，不一會就完成了清掃工作。完事後，他發動車子，打開音響，大聲唱著：「你是我的玫瑰，你是我的花；你是我的愛人，是我的牽掛……」隨後，他像個瀟灑的搖滾王子一般風風火火地開車出了巷子。

對於他，我既疑惑又羡慕：為什麼他連掃個廁所都能那麼開心，而我坐在辦公室裏，風吹不著，雨淋不到，卻整天愁眉苦臉？

家庭背景和人生際遇，都是隨機的

我經常會陷入消極情緒中，在心裏對自己說：不幸福的人沒必要活著。因為我一直覺得自己活得不快樂，體會不到人生的幸福。總是為他人的幸福生活鼓掌更讓我迷茫、憂鬱，在我看來，這樣的人生沒什麼意思。

但後來，我頓悟了。

我們每個人的存在、每個人的境遇，就像抓到手裏的那張牌，不翻過來，永遠不知道是什麼。家庭背景、社會背景、人生際遇……都是隨機的，誰也不知道自己會抓到一手好牌，還是一手爛牌。

既然如此，我們為什麼還糾結於那些難以改變的事實呢？

雖然我們無法改變那些既定事實，但我們也不能就此認命，我們可以嘗試去改變那些我們能改變的部分。

那個打掃廁所的男生沒辦法改變自己的出身，但沒關係，他可以選擇快樂地活下去。雖然生活已經有了諸多磨難，可他依然能坦然接受。「生命以痛吻我，我願報之以歌」，對於他來說，生存才是他首先要解決的問題，只有活下去，生活才能繼續，也才有可能逆風翻盤。

無論如何，我們都應該滿懷希望，專心地打好自己的牌。要知道，逆風翻盤往往會在絕地反擊後來臨，只要不放棄，就會有贏的機會。

30 你看不起的微行動其實威力巨大

專治「懶癌晚期患者」

重新看待每一個微不足道的動作，每天做一個伏地挺身，讀幾頁書，寫一個句子……連點外送、上廁所，都可以列入行動清單。

新的一年來臨時，我們都會制定新年計畫，打算今後好好奮鬥。可沒幾天，很多人就把計畫拋諸腦後了。

我們都羨慕那些行動力強的人。像我們寫作群的思嫣，她可以做到每天早上四點多起來讀書寫作。她總是第一個交作業，還常常超前完成任務。

她好像不知道什麼叫拖延症，做事情特別乾脆俐落。而我屬於典型的「懶癌晚期患者」，能坐著絕不站著，能躺著絕不坐著。

我也知道這樣不好，可一直杜絕不了。每次我下定決心要做一件事情時，總會遇到各種攔路虎。那麼，我們如何才能讓行動力「滿格」呢？

我曾經問過很多行動力卓絕的朋友，很多人都表示，他們從小到大都不怎麼拖延，有問題就趕緊解決，絕不耽擱，如此給自己的生活「做減法」。

但實際上，大部分人都沒有這種覺悟。如何提升行動力是一個系統問題，牽扯到基因、後天環境、情緒控制等各方面因素。對我這種「懶癌患者」來說，要是想從零一下子升級到一萬實在是太困難了，這個目標數位對於我來說過於龐大，除非重新設定一下基因。當然，這是不可能的。

關鍵是找出最易執行的步驟

從整體來說，這個目標數字確實太大了，但我們可以換種思維方式，試著把目標放低，將目標進行分解。比如說，我們可以一點一點提升，先從零進化到零點一，再到零點二、零點三……這樣就容易得多。

美國暢銷作家史蒂芬·蓋斯（Stephen Guise）有一本書叫作《微習慣》，我強烈建議像我一樣的「懶癌晚期患者」看看這本書。它提供了一種新的看問題的角度——從「微習慣」做起，對於普通人來說，這是很容易就能做到的。

在我們以往的觀念中，好的習慣一般是比較大的目標，比如每天跑五公里、每天寫兩千字，但這樣的習慣大多數人是堅持不下來的。我們可以試著從微習慣做起，如每天做一個伏地挺身，讀幾頁書，寫幾十個字……對於大多數人來說，這樣的微習慣還是比較容易的。

我按照他說的，果然輕鬆行動了一段時間。對於「微習慣」這個稱謂，其實我更喜歡把它稱為「微行動」，因為「微習慣」聽起來還是帶有一些壓迫性。

我對「微行動」的定義就是：如果某件事情對你來說很重要，可你又害怕去做，可以先找出最容易的那個步驟，先行動再說。

舉個例子，如果你特別想寫作，可是又覺得下筆很困難，那可以先從一個句子開始寫。比如，今天可以寫一句：「我想寫作，可是我不知道怎麼寫。」ＯＫ，只這一句就行了，明天可以繼續寫另一句話，後天還可以只寫一兩句。也許過不了幾天，你就會忍不住寫上一大段話。再到後來，你就會發現，一旦寫下第一句，第二句自己就冒出來了，因為人的思維是需要用行動來激發的。

再比如，房間裏很亂，需要清理，可面對一屋子的雜物，我們不知道該從何下手。這時候，我們可以先做最容易做的事——先把垃圾倒了，或者把桌子擦了，然後明天再幹一點點。

事實上，人常常一幹起來就不想停下來，不知不覺就把活幹完了。這就是微行動的威力，它能夠引導你隨時付諸行動。

但很多時候，我們是看不起這樣的微行動的。因為我們太貪心了，總想著在一天之內「脫胎換骨」，只想著做大事，看不起這些小事。結果一天過去了，不僅大事沒幹成，小事也沒幹。

我們有時也非常矛盾，總覺得目標離自己太遙遠了，認為自己肯定完成不了；卻又不斷地悔恨，恨自己一直在浪費時間。其實，不是我們不夠有毅力，那些行動力強的人也未必多麼有毅力，只是他們很有謀略。

學習馴服和尊重「大象」的藝術

正向心理學家強納森．海德特（Jonathan David Haidt）在《象與騎象人》這本書中提到了人的兩個思維系統——自動化系統和控制化系統，前者類似大象，後者類似騎象人。當我們給自己制定了一堆計畫，要求自己做這做那的時候，就好像是騎象人在發出命令。可大象未必聽你的啊，大象也有它自己的喜好和規律。再比如說，你這會想去廁所，你用意志力控制一下試試？有幾個人能控制得住？

明明大象已經睏得不行了，你還要讓牠幹活，牠肯定不願意配合你。你要做的就是和大象交朋友，慢慢地引導牠上路，而不是總用鞭子抽牠、威脅牠。因為那樣的話，牠早晚會跟你翻臉的。

大象翻臉時，牠的自動化系統就會占上風——會繼續拖延，而不是投入地工作。因為你不尊重大象，沒有看到大象的努力。你罵牠，牠委屈了，就不跟你玩了。那麼，我們該怎麼做呢？合理的做法是先安撫大象，與大象「協商」，再一點點往前走。當大象體驗到往前走的樂趣時，不用你逼迫，牠也會自己主動往前走。

就像寫作，我們可以先哄著自己寫一點，然後再寫一點，寫著寫著就發現根本停不下來了，非常神奇。閱讀也是如此。晚上睡覺前可以對自己說：隨便看多少都行，哪怕打開書只看一眼呢。通常情況下，我們一打開書，就會不知不覺讀進去。

每天臨睡前的準備工作也是這樣。我一直覺得這些準備工作對我來說特別繁瑣——洗臉、刷牙，還要塗各種護膚品，有時會覺得特別累。這時我就對自己說：「今天洗個臉就睡覺，別的什麼也不弄了。」可是，神奇的事情發生了，只要我開始洗臉，就忍不住想泡腳，之後就忍不住把所有的流程都走完。因為大腦會說：「沒事，反正只幹這一個環節，又不累。」

你不要低估大象的能力。只要你了解牠的運動規律和牠的需求，尊重牠的感受，牠就會配合你，幫你達到所要達到的目標。

我們總說性子急的人不耽誤事，做事情的速度快，但其實那些內心平和的人做事情效率更高，因為他們馴服了內心的大象。就算一時半會沒有達標，也不要緊，讓大象喘口氣，吃點東西，休息一下再上路。

我情緒不佳、不想動彈，這就說明我的自動化系統（大象）累了，需要調整一下。這個時候，我就哄自己：起來轉一轉，泡點茶，收拾一下房間，或者去樓下散個步，跳跳廣場舞。

人生不是電玩，去除非生即死的認知誤區

對於完美主義者來說，「微行動」更重要，但這需要他們改變自己的思維方式。完美主義者在做事情時，總是持有一種「全」或「無」的二元對立思維，這樣會錯過很多東西。

要知道，無論做什麼事情，不是只有零分和一百分的。

我們先拿到一分，是不是也可以？開天闢地的大事你可能掌控不了，但卻可以掌控小事。我們可以把任務不斷進行拆分，直到拆分到能做的那步。

就像我每天都會列清單，有時我連點外送、上廁所都要寫在清單上，以此建立掌控感。試想一下，人生不就是由一件又一件的小事組成的嗎？第一件事掌控了，第二件事掌控了，第三件事掌控了……在不知不覺中，你就掌控了自己的人生。

比如這篇文章，我寫了好幾天。我先寫標題，再列題綱，然後寫大致段落，最後對每一段進行細化……每天推進一點，文章很快就完成了。

當然，這樣的結果可能是不完美的，但好歹我從零進化到了零點一，要知道，一丁點的進步也是進步啊。我所寫的幾十萬字的稿件，就是靠著這樣的微行動，一點一點積累起來的。

所以，我們可以先試著從一點一滴開始，進步一點點就是精進，即所謂：「不積跬步，無以致千里；不積小流，無以成江海」。

31

直面挑戰，體驗高級的快樂

具有高難度的挑戰，才有成就感

有人經由炒房或投資，提早實現財務自由。跑到麗江買了別墅，每天遊山玩水，剛開始可能無比愜意，可過著過著就無聊了。

朋友小齊最近在工作上遇到了挫折，他實在忍受不了了，就準備辭職。我問他：「錢花完了怎麼辦？」

他說：「不知道，再想辦法吧。」

他以前也是這樣，每次遇到挫折就想逃避。他就這麼一直逃避著，能力上也沒什麼長進，到現在還沒有什麼積蓄。他說這樣跳來跳去挺快樂的，不用每天辛苦地上班賺錢。

我不認同他的觀點，覺得他的這些行為實在是太幼稚了，一點都不成熟。誰還沒有遇到過挫折啊！如果每次遇到挫折都想逃避，那我們還怎麼成長呢？

得到財務自由，卻失去生活鬥志

我也有遇到挫折想要逃避的時候。大家都知道，在大城市生活，壓力挺大的，房租高，物價高，消費也多。每次我壓力大想逃避時都會想：要不回農村吧。回到村裏可以住爸爸媽媽的房子，隨便種點糧食就夠吃了，還不用每天上班打卡，多快活啊。

可是再一想，既然活著只是為了滿足口腹之欲，還不如去原始森林，找個野果多的地方，再找個山洞一住，一年四季都有吃的，還不用種地，豈不是更輕鬆？

可是，人活著，難道只是為了體驗這種輕鬆的快樂嗎？

身邊的朋友常跟我講這樣的故事：在北上廣等一線城市，有很多人經由炒房或者金融投資，很早就實現了財務自由。他們不再工作，跑到麗江和大理買了別墅，每天遊山玩水，吃喝玩樂，過著不用工作、沒有挑戰的生活。我想，可能很多人都夢想著過這樣的日子吧！

這種日子剛開始時會很愜意，可過著過著就無聊了，有的人甚至會得憂鬱症。其實，這都是因為沒了精神寄託。無所事事的日子過久了，就是一種煎熬。

若沒有挑戰，一隻蜥蜴也會失去胃口

心理學家馬汀．塞利格曼在《真實的幸福》中曾寫過一隻蜥蜴的故事。

傑恩斯教授買了一隻亞馬遜蜥蜴當寵物。剛開始時，這蜥蜴不肯吃東西。於是，傑恩斯教授就給牠買了一堆好吃的，可蜥蜴都不為所動。眼看蜥蜴餓得奄奄一息，馬上要死了，傑恩斯教授依舊無計可施。

後來有一次，他無意中把看完的報紙放在蜥蜴的食物上，沒想到，蜥蜴立刻跳上去撕碎報紙，把食物一口吞了。原來，就算是一隻蜥蜴，也需要挑戰，只有經由努力獲取的食物才對牠的胃口。

其實，人和蜥蜴一樣，如果只是沉迷於很容易就能得到的快樂中，不應對挑戰，就永遠無法鍛鍊自己的能力，也體會不到成就感。

吃外送、玩手機的日子縱然輕鬆快樂，但這些快樂是不用費什麼勁就可以體驗到的，得來容易，卻轉瞬即逝，不能讓我們獲得心智上的成長。

我曾經以為每天躺在床上玩手機、點外送就是「神仙生活」，但沒過幾天我就受不了了，這種日子對我來說實在是一種煎熬。我曾經以為我會很享受這種生活，然而事實證明，每天過著這樣的生活，我的能力就像一個擺設，沒有發揮的空間。

是的，我們只有面對挑戰，最大限度地發揮自己的能力，才能體驗到至高無上的快樂。週末如果只是刷兩天手機，你會產生無聊頹廢之感。可如果你嘗試著挑戰一下過去不敢嘗試的事情，就會有新奇的體驗。

容易得到的快樂，來得快去得也急

比如，我曾經在寫作群裏發起過寫作挑戰，要求大家在一天內寫出七篇千字文，或者是在兩天內寫出五萬字，寫不完就發紅包。

剛開始，大家都以為自己不行。但是在挑戰的過程中，所有人的潛力都被激發了。最後，大多數人都完成了挑戰，有的人甚至因為寫作太投入而忘記了吃飯。

當挑戰結束時，很多人都興奮地表示：「透過這個挑戰，我重新認識了自己，發現自己原來這麼能幹。這樣的週末，真是有意思，比玩手機充實多了。」挑戰帶來的快樂和成就感讓我們回味無窮，也增強了我們的信心。

經過努力得來的才有意義，高層次的快樂必須自己去獲得。

有些人家境優渥，一出生就什麼都有了。他們不用奮鬥，不用努力，就可以獲得普通人奮鬥一生都得不到的東西。但他們開心嗎？不見得。

整天無所事事、吃喝玩樂，這樣的生活過久了也會乏味。他們的快樂只是物質上的快樂，是沒經過努力就獲得的，是低層次的。他們所享受的一切都來得太容易，所以他們不會知道，快樂是存在於每一天的努力之中的，是存在於對未來的美好期待中的。

就像爬山。爬山有好幾種方式，有人選擇坐纜車上去，有人選擇自己爬上去。坐纜車的人不用費力氣，輕輕鬆鬆就能到達山頂。爬山就辛苦多了，登山者需要一個台階一個台階往上爬，不一會就累得滿頭大汗、肌肉酸痛。

雖然兩種方式都能到達山頂，但明顯自己爬上去的人體驗更豐富。經過自己的努力爬到山頂，連沿途的風景都會可愛起來。

社會進步給我們帶來便利的同時，也讓我們失去了很多快樂。

我們總是用那些容易獲得的快樂來「安慰」自己，比如我們網購的很多東西，那些漂亮的衣服飾品和昂貴的包包、精美的食物……以為這樣就可以了，可這樣的快樂就如同泡影，很快就會消失。

馬汀·塞利格曼認為，這種容易獲得的快樂大多數是生理上的愉悅，來得快也去得快。

而那些要經過挑戰才能體驗到的高級的快樂，才顯示出心理上的成長，是我們建構未來的心理資本。

我們人人都需要高層次的快樂，因為這會讓我們對生活有更多的期待。但是，這種高層次快樂的獲得是需要付出一定代價的。剛開始時，可能會感到有些痛苦，但只要咬緊牙關，我們就可以堅持到底。

我剛開始跑步時，感覺非常痛苦，認為自己一定堅持不下去。於是，我告訴自己，只要堅持下去，就可以減肥、健身，結果瞬間就有了動力。

活在世上，我們要體驗那些不費力的快樂，但更要追求高級的快樂。因為在追求高級的快樂時，我們可以激發更多能力去應對挑戰。在這個過程中，我們會在不知不覺間實現人生的昇華。

32 勇往直前，和恐懼面對面作戰

害怕的並非事情本身，而是內心投射的恐懼

勇敢不是天生膽大，而是懷著恐懼，仍繼續前行。

人們有各種各樣的恐懼症。有的人害怕社交，一到人多的地方就渾身戰慄，說不出話；有的人害怕站在廣場上，一站在廣場上就會呼吸困難，生不如死；有的人不敢去超市買東西，因為他害怕和人打交道；有的人不敢坐電梯，一進電梯就暈倒；還有的人有暈血症，一看到血就會頭暈……

一般人很難理解這些恐懼症，也無法理解相應的某些東西有什麼可害怕的。

有句話說得好：「甲之蜜糖，乙之砒霜。」你覺得能夠輕鬆完成的事情，對有的人來說可能難如登天。

當各種假設匯聚成雜念，更要回歸事情本質

曾經看過一個心理學治療故事，講的是「毛巾恐懼症」。

有個人的恐懼很奇特：他不恐高，也不怕社交，就是害怕看到毛巾……他不敢看見毛巾，可在生活中又不得不接觸，因為洗臉、洗腳、洗澡都要用到毛巾……他非常痛苦，不得不向心理諮詢師尋求幫助。

心理諮詢師決定採用漸進式暴露療法（systematic desensitization）對他進行治療。他把患者帶到一個放滿毛巾的房間裏，患者一看到滿屋的毛巾，直接嚇得暈了過去。心理諮詢師把他弄醒後，他又暈了過去，如此反覆幾次，終於，他看見毛巾再也不暈了。

這種方法其實並沒有什麼神奇之處，只是為了讓他能夠直面恐懼的真相——毛巾並不可怕，令人恐懼的是自己內心的想法。

對暈血症患者也可以採用。一開始，患者會恐懼得噁心嘔吐，但見的次數多了以後，這種恐懼就會減弱，直至消失。

其實對於大多數人來說，都或多或少有一些看不見的恐懼心理。短期來看，這種恐懼心理不會影響工作和生活，但時間久了，就會發現它的影響還是挺大的。

比如，有的人害怕接電話，當然了，這種恐懼還不至於讓他看見電話就暈倒，但會讓他在電話響起時不敢接。雖然平常這樣沒什麼影響，但如果是個重要電話，不接就會耽誤事情，還會影響心情。

這些都沒什麼值得恐懼的，真正令我們恐懼的不是事情本身，而是我們自己內心所幻想出來的恐懼。

我們總是把事情的後果想得很恐怖，自己嚇自己。其實，多數情況下，事情本身並沒有那麼可怕，是你先把自己嚇住了。

我自己也是這樣。每次在做一件從來沒做過的事情時，我的內心就會有各種恐懼：是不是很可怕？我會不會被嚇死？我失敗了怎麼辦？別人笑話我怎麼辦……

來北京工作這件事就讓我恐懼了很久。我之前從沒想過我會來北京。畢業後，我一直在小城市工作，每次看到新聞上報導北京，無非是地鐵車廂裏塞了多少人，公車站排了多長的隊，地下室環境多麼艱苦……

北京給我的感覺就是諸事不容易。我看看新聞都嚇呆了，更別說來北京工作和生活了。我打定主意：這輩子都不要去北京工作，以後頂多去旅遊一下。

但是，後來，因為一個偶然的機會，我還是來了北京。結果，我並沒有餓死，還喜歡上了這個大都市，夢想著要在這裏打拚出一番事業。雖然中間也遭遇了一些挫折，但最後都被我一一克服了。

覺察是否陷入「習得性無助」的無限迴圈

人的承受能力是會在不斷的磨練中增強的。現在回過頭來想想過去的自己，我仍然會覺得好笑：連嘗試都不敢，聽見別人說可怕就覺得可怕，這樣看來，自己過去錯過了多少機會啊！

讓人感到恐懼的事物其實沒有那麼可怕，很多時候都是我們自己嚇唬自己。

朋友紅紅就是這樣，她老是自己嚇自己，結果差點把自己嚇成了「無業遊民」。她剛剛從上一家公司離職，最近一直在找工作。我們幫她介紹了很多工作，可她一個都不敢去嘗試，怕面試失敗。其實她很優秀，英語過了專業八級，很有實力。可她就是沒自信，懼怕面試，就這麼拖著，每天都愁眉苦臉。

我們都不明白她到底在害怕什麼。換個角度想想，就算面試失敗了，又能有多大損失？頂多就是多花幾塊錢的地鐵費，多發出去幾張簡歷。

後來，她跟我們說明了自己為什麼害怕：對她來說，多花錢倒也無所謂，主要是心理上的挫敗感。因為過去遭受的挫敗多了，所以她會產生「習得性無助（Learned helplessness）」，覺得自己幹什麼都會失敗。

這種認知是狹隘的。愈是這種時候，我們愈要勇往直前，和恐懼面對面作戰。還好，最後在朋友們的開導和自己的努力下，紅紅戰勝了恐懼，順利找到了工作。

我在清華大學上正向心理學培訓課程時，同組的同學家傑給我推薦了慕課線上課程的正向心理學課程。這個課程是由賓夕法尼亞大學的馬汀·塞利格曼教授講的，影片全英文，無中文字幕。家傑跟我說，這門課通過結業考試會有證書，我一聽就嚇得頭皮發麻。全英文課程，我能看懂嗎？還有考試，我能通過嗎？想想都可怕。

雖然我想學，但是未知的恐懼壓過了我的求知欲。我連那個網站都不敢登錄，因為怕聽不懂。後來，我抑制不住自己的好奇心，終於鼓起勇氣在那個網站註冊了帳號。

試聽了課程後，我發現，根本沒有想像中那麼可怕！影片中的大部分英文我都能看懂、聽懂。只有一些生詞不認識，但這個難題很容易解決，一查辭典就全懂了。

看清阻撓我們的，是虛構的幻境

經由這件事，我總結出一個道理：我們在面對未知的事物時，會虛構一些可怕的東西，自己嚇自己，那樣只會讓恐懼束縛住我們的腳步。

當我們真正勇敢面對時，會發現障礙本身並沒有那麼可怕，是我們自己幻想出來的感覺上的恐懼超過了事實上的恐懼。

那麼應該如何減輕這種恐懼感呢？

我的建議是：多了解，多關注，多思考。如果害怕一件未知的事，可以在做這件事之前，從多方面了解相關細節，不能只關注一個角度。了解之後，再考慮一下失敗的後果，承擔得起就去行動，但切忌盲目行動。

我之前之所以害怕來北京，就是因為我沒有從多方面了解北京，看到的資訊都是負面的；我害怕學英文課程，也是因為我沒有多關注，在資訊不全面的情況下，我根本不知道自己要做什麼準備，所以這種情況下所有的猜測都是不靠譜的。

最厲害的人不是一直成功的人，而是敢於直面恐懼的人。這裏的「直面恐懼」，不是說看見疾馳過來的汽車很恐懼，所以你就迎頭撞上去。我想表達的是，我們在工作或者生活中遭遇恐懼時，要戰勝心理上的畏懼感勇敢去面對。

別逃避，可能剛開始你會很緊張、害怕，但沒關係，再試一次，你可能就成功了。

33 放下完美的執念，馬上行動

等待不會讓人更完美

我們不是等到長了大長腿再去學走路，而是在能走路時，就嘗試著走一走；如果姿勢不對，那就換個姿勢，一邊走一邊改進。

經常看到有人為自己「拖延」而痛苦，該提前做的事情總是一拖再拖，拖到最後不得不在痛苦和懊惱中完成。

為什麼會拖延？為什麼會懶？這背後是有心理原因的。與其給自己貼一個負面的標籤，不如了解自己，找出解決問題的方法。這個問題的心理原因就是：苛求完美，害怕失敗。

你之所以遲遲不去做某件事，是因為你一直在等，你想等條件好了再去做，準備好了再去做，狀態完美了再去做。所以，根本不是你懶。

我們想去見一個自己喜歡的人，可是不敢去。我們覺得自己身材還不夠好，打扮還不夠時尚，說話方式還不夠成熟……總而言之，就是一切還不夠完美，我們要再等一等，等到完美了，再去見他。

我們想學一種新的語言，可就是不敢去學，因為我們擔心自己的發音不標準，時間安排不過來，堅持不下去……我們等啊等，可一直等不到完美的時機。

立即行動，勝過再多的準備

我之前在一個學習群認識了一個叫凱的男生，在他的社群裏，我經常見他表示想參加越野馬拉松比賽。他在了解了越野馬拉松的情況後，發現要做很多準備——得提前鍛鍊身體，買裝備，熟悉地形，還要買防蚊蟲藥物……

凱說，他得等一等，他工作忙，身體不好，狀態不完美，現在還不適合參加這種比賽。結果他等了兩三年，還沒有參加過一次越野馬拉松比賽。每次他在社群看到別人又去參加比賽了，就感慨一番，說自己要是各方面狀態完美，一定會去參加的。可誰也不知道他什麼時候能實現狀態完美。

為什麼非得完美？究其原因不過是害怕犯錯，害怕失敗。我們幼年開始探索世界時，會想盡各種辦法去嘗試。

最初，在探索遭遇挫敗時，父母會引導我們，幫助我們去探索。可是，並不是所有的父母都是完美的，有的父母會在孩子探索失敗時給孩子貼上各種標籤：蠢、笨、懶……

失敗本來只不過是一種體驗，也在我們的承受範圍之內。可是，當我們被貼上一些負面的標籤後，我們會對自身的存在產生懷疑，對自己的失敗產生厭惡和恐懼心理。

為了討好父母，你一定不能失敗，不然他們會說你蠢。你肯定不想被人說蠢，因為你害怕被拋棄。為了不被別人說蠢，你做出了選擇：拖，或者乾脆不行動。

拖著，等條件完美了再去做，成功的概率會變大。不然就乾脆不行動，那就不會犯任何錯誤了，也不會被批評。為了面子，我們什麼也不想做，等待和拖延成了最穩妥的策略。

那些在消極環境下長大的孩子，行動緩慢，反應遲鈍。他們對失敗的恐懼超過了對新事物的好奇。他們把自己的心封閉起來，再堵上厚厚的屏障，用拖延保護自己，對抗失敗可能帶來的痛苦。

累積經驗，是成功的基石

記得我高考那年，有個平時成績很好的同學棄考了。他的成績一直在上游，不出意外的話，能考上一個不錯的大學。可他極度害怕失敗，因為他爸爸媽媽說如果他考不上理想的大學，就是個廢物。

他沒有百分之百的把握確定自己可以成功，所以選擇了棄考，不讓失敗發生。可是，這樣做的結果就是，他爸爸媽媽認為他無可救藥，再也不管他了，結果他現在一直在外面打工流浪……

羅振宇曾經在一篇文章裏提到他們做「得到」APP的一些心得。他說APP剛做出來的時候存在各種問題，他們想著要不要等APP完美了再推出。但後來，他決定馬上推出，不要等，因為再等也等不到完美的那一刻。APP推出後，他們不斷修改完善，做得愈來愈好。如果只是等待完美，可能再等三十年這個APP也沒法推出。

我參加某次活動時，認識了兩個喜歡演講的女生——小非和小韻。她們都喜歡演講，但兩個人的基礎都不好——普通話不標準，台風也一般。

小非並沒有氣餒，她開始不斷尋找各種演講的機會，在實戰中不斷磨礪自己。她在書店、學校、公司等各種場所演講過，一次又一次的演講後，小非的普通話愈來愈標準，演講能力也有了大幅提高。

而小韻呢，後來我再問起她演講的事情時，她支支吾吾，總是說還想再等等，她覺得自己狀態還不夠完美。時間已經過去很久了，她還在等待。我們不知道她到底要等到什麼時候。

我們不是等到長了大長腿再去學走路，而是在能走路時，就嘗試著走一走；如果姿勢不對，那就換個姿勢，一邊走一邊改進。當然，這個過程不容易，因為走路時一些錯誤的姿勢會讓自己栽跟頭，甚至會有人笑話你走得難看。這些情況是一定會出現的，我們要有心理準備。你一定要明白，別人笑話我們，那是他們思維狹隘，不是我們的錯。

每個人都有很多計畫，不能總想著各方面都準備得完美了再行動。實際上，你是不可能完美的，你這輩子都不可能完美，下輩子也不可能完美。完美是一個我們想靠近，卻永遠無法靠近的狀態。

有時就算你認為自己準備得完美了，還是有人對你不滿意。他們會嘲笑你、攻擊你，因為他們天生喜歡說風涼話。所以，應當放下對完美的執念吧，立刻行動，為自己的人生拚一把。

34 人生主動權，應該牢牢握在自己手裏

做自己生命的主人

揮別過時的觀念，不管是自由或事業，女人想要的一切，
不必靠男人，別期待別人為自己的人生負責。

在生活中，我們經常會遇到這樣一些女生：她們對另一半有強烈的依賴感，總希望對方為自己負責。

我的朋友小夏就是這樣。她開著一家精品店，生意做得很好，每天早早就去店裏，整理店面，布置飾品，迎接顧客的到來。小夏很有生意頭腦，進貨時總能挑到優質的商品，加上對顧客有耐心，服務熱情，所以客源總是很充足。

隔壁開了一家男裝店，店主是個男生。那個男生叫冬子，經常過來找她聊天，一來二去，兩人熟了，後來就成了情侶。

按理說，有了女朋友，冬子應該更加勤奮才對。可他卻變得愈來愈不成樣：喝酒、賭博，店鋪也全權交給了小夏打理。小夏要管兩個店，自然忙不過來，就對冬子發了脾氣，讓他回去管自己的店。

冬子說：「要不把妳的店退了，我的店妳來管，反正以後咱們是一家人，女人總要依靠男人的。」

冬子的話讓小夏心動了，不過她並沒有把自己的店盤出去，而是請了人來幫忙，她則幫冬子管店。

小夏把冬子的服裝店打理得蒸蒸日上，冬子經常過來拿錢，偶爾也給小夏留點，說讓她去隨便買衣服。僅僅是這樣，小夏就已經很滿足了，她覺得冬子沒把她當外人，所以她開始憧憬著跟冬子結婚。

有一次，我去找小夏，她聊起了拍婚紗照辦婚禮的事，滿臉的幸福。我很愕然，就問她：「冬子天天喝酒賭博，能靠得住嗎？」小夏說：「能啊，現在他把店都交給我了。這說明他信任我，我相信他會對我負責的。」

我勸她：「對妳負責？他對自己都不負責，整天跑出去玩，把店扔給妳一個人。妳還指望他對妳負責？妳幫他賺的錢，他給了妳多少？」

小夏說，其實她自己也想過這些，可內心裏總覺得女人還是得依靠男人。但事實卻不是這樣的，實際上是她在養著冬子，但在心理上，她擺脫不了對冬子的依賴，她還對冬子抱著希望，期望冬子結婚後會變好。

後來，小夏懷孕了，她興奮地告訴冬子，以為冬子會給她一個完美的婚禮。誰知冬子卻說：「我現在還不想結婚，這個孩子先不要了吧。」小夏在失望和憤怒中打掉了孩子，砸了冬子的店鋪……

男人也有自己的迷茫、脆弱和恐慌

女生們從小就被教育：要知書達禮，要勤勞賢慧，長大了才能嫁一個好男人。於是，許多女生明明自己有能力，有潛力，卻把希望全放在了男朋友或者老公身上，指望對方為她們的人生負責。

只可惜，男人也是人，也有自己的迷茫、脆弱和恐慌。有的男人對自己都負不起責任，妳還指望依靠他，這不是給自己挖坑嗎？

記得我還在上小學時，有一次，我剪了一個難看的髮型，結果被村裏的人笑話。他們嚇唬我，說我頭髮剪壞了，將來找不到好男人。當時的我很不以為然，因為我那時的夢想是當個居里夫人那樣的科學家，找不到好男人又有什麼關係呢？

不要讓理所當然套住，給自己挖洞

成年之後，幾乎所有單身女性都會遭遇催婚、逼婚。這種社會文化，逼迫著所有女性只能走一條路——嫁人、結婚，否則自己的人生就是不完整的。

我很能理解那些想找個男人依附的女性，因為她們從小就受到這種觀念的影響，她們覺得這就是天理。在這種追尋中，她們忘記了最寶貴的東西——自己的力量。身為女性，我們自身有著巨大的能量，應該將它挖掘出來，而不是只依靠男人。

女人想要的一切，不必透過男人才能獲得。女人可以直接去追求自己想要的一切——不管是自由，還是事業。

我在北京認識了很多優秀的女生，其中一些年紀輕輕就開了公司，擁有自己的團隊。也有一些女生，從遙遠的山區來到北京打工，靠自己奮鬥，漸漸打拚出一片天地。她們也有男朋友，有戀人，但她們還是活出了自己。

她們知道，人生的主動權應該牢牢地握在自己手裏，自己要為自己的人生負責，自己才是自己生命的主體。

CHAPTER 7

只有改變，才能讓人生擁有無限可能

每一次跌跌撞撞、磕磕絆絆，
在泥濘中哭泣摔跤，
你都悄悄改變了一點。

有一天你將發現，
曾受的苦難中，
躲著隱藏版的祝福。

35

生命珍貴，不要輕易放棄

每個人或多或少都曾有自殺的念頭

全球每年有八十萬人死於自殺，其中，百分之四十的自殺死亡者患有憂鬱症。請試著接納理解憂鬱症就像較為嚴重的心理感冒，放下偏見。

自殺，是一個沉重的話題。當我們談自殺時，那些已經付諸行動並且成功的自殺者永遠也聽不到了。能夠成功地自殺，大概是世界上最悲情的「成功」。說起自殺，我能想到很多人，但最讓我揪心、惋惜的就是在微博上公開自殺的「走飯」。

「走飯」是一名「九〇後」女大學生，於二〇一二年三月十七日凌晨自殺。三月十八日，她利用定時功能發出這樣一條微博：「我有憂鬱症，所以就去死一死，沒什麼重要的原因，大家不必在意我的離開。拜拜啦。」

隨後，警方證實，她已經離開人世。

在她離世後，幾乎每天都有人在她這條微博下面留言，有紀念她的，有表達惋惜之情的，更有許多跟她一樣痛苦的人表示生無可戀。

憂鬱症患者的自殺衝動遠高於普通人

兩位十八歲的史學天才的自殺，也引發了人們的痛惜和熱議。他們為什麼自殺？他們被憂鬱症折磨得太痛苦了。

其中一位史學天才生前患有憂鬱症，一直吃藥控制，也接受了心理諮詢，可惜這些都沒能挽救他的生命。我們可以從他的遺書中看出他的孤獨：「每次去老師家都能感受到平日很少能體會到的溫馨和安穩感。我對不起老師夫婦對我的關愛。」

我們從遺書中可以看出，他一直活在孤獨之中，平時很少體會到溫暖，這跟他的家庭有很大關係。他在遺書中對他的父親亦有抱怨：「希望我的父親能知足，珍惜我的母親，同時改掉自己家長制的脾氣以及極差的飲食追求，認清自己實際的生活能力和狀況。」

簡言之，他生活在一個不幸福的家庭中，這也許是他憂鬱症的誘因之一。

自殺的想法幾乎人人都有過，但憂鬱症患者的自殺衝動、自殺率要遠遠高於普通人。世界衛生組織統計顯示，全球每年有八十萬人死於自殺，在這其中，百分之四十的自殺死亡者患有憂鬱症。據專家預測，到二〇二〇年，憂鬱症將成為僅次於癌症的人類第二大殺手。

別將憂鬱症扣上精神病的帽子

憂鬱症是一種會影響一個人工作、生活、學習的情緒障礙。很多人患了憂鬱症，可能自己根本不知道，加上身邊的人也不懂，這導致憂鬱症的就診率很低。長此以往，憂鬱症患者的症狀愈來愈嚴重，最終會走向自殺。

社會的誤解更加重了憂鬱症患者的負擔。不少患者認為，一旦被診斷為憂鬱症，就會被扣上「精神病」的帽子，這導致有的人即使診斷出患有憂鬱症，也不主動採取治療措施，而是任由病情發展下去。

其實憂鬱症就像心理感冒一樣，患者不應該為此感到羞恥。對於沒有經歷過那種痛苦的正常人來說，他們是無法理解憂鬱症患者的感受的。比如說，憂鬱症患者會莫名其妙地哭泣，即便對於吃什麼飯這樣的小事情也會優柔寡斷，他們還會因為他人的一句苛責傷心半天……這些，都是憂鬱症患者的症狀。

對憂鬱症不了解的人，可能會對憂鬱症患者表現出鄙夷：你吃飽了撐著吧？你這是太閒的吧？你太脆弱了吧，這點事都受不了？你別瞎想就好了……

這就像對一個腳扭傷的人說：「你別想太多，站起來走路就好了。」（如果傷勢輕也許可以自癒，嚴重的話還是要看醫生的，憂鬱症也是如此。）

我們不能因為一個人生了病，就把他看成毫無價值。如果能夠理解，可以試著理解；如果理解不了，就請盡量放下偏見和傷害吧。

名人或普通人，都有可能生病

其實不只普通人會患有憂鬱症，很多名人也備受憂鬱症的折磨。在憂鬱症面前，人人平等。

朱熠（作家）：我不想見人，不想接電話，不想與人說話，不想出門，這等簡單的事情於我簡直苦不堪言。我開始進入如深淵般的社交困境，我的手腳也如同長出了繩索把我徹底捆縛住了，我覺得人生無望了。後來我才知道，我已經進入了一種輕度的「憂鬱性木僵」狀態。

張進（財新傳媒員工）：每時每刻，我的大腦都像灌了鉛，或者像被一個無形之手攥住，像生鏽一樣轉不動，昏昏沉沉，思維緩慢，說話磕磕巴巴，口吃似的，胸口火燒火燎地難受，不想做任何事情，或者做任何事情都很猶豫畏縮；不想說話，不敢接熟人的電話，不看短信，或者看了短信也不回。當然我也不想見任何人。每天早上從一睜眼開始，我就不知道這一天怎麼度過。我整天躺在床上，或呆坐著，或在房間裏走來走去，就這樣慢慢地耗著時間。

毛大慶（著名地產人）：我得了憂鬱症後，電話聲音都關了，我怕聽到電話的聲音，換了無數種音樂都不行，震動也不行。永遠都是人家打給我，我不接，只能晚上人稍微安靜時，看到幾十個未接電話，選幾個必須回的，打回去說「抱歉，我在開會」。我就是這樣不願意接電話，這習慣到現在還沒有完全改掉。

安德魯．所羅門（美國作家）：我還記得，那時我四肢僵硬地躺在床上哭泣，因為太害怕而無法起來洗澡，但同時，心裏又知道洗澡其實沒什麼可害怕的。我在心裏複述著一連串動作：起身然後把腳放到地上，站起來，走到浴室，打開浴室門，走到浴缸旁邊，打開水龍頭，站到水下，用肥皂抹身體，沖洗乾淨，站出來，擦乾，走回床邊。十二個步驟，對我來說就像經歷艱險歷程。

我用全身的力氣坐起來，轉身，把腳放到地上，但是之後覺得萬念俱灰，害怕得又轉過身躺回床上，但腳卻還在地上。然後我又開始哭泣，不僅因為我沒辦法完成日常生活中最簡單的事，而且還因為這樣讓我覺得自己愚蠢無比。

無知與偏見會造成二次傷害

他們都是在各自領域很有建樹的人，但當憂鬱來臨時，他們也會和普通患者一樣無助。

對於名人來說，他們生病時，我們不會說他們是廢物，更不會說他們毫無價值，可對於普通的憂鬱症患者來說，當他們表現出這樣的症狀時，我們很有可能會對他們說出傷人的話語，甚至對他們進行全盤否定，這樣的偏見會對他們造成二次傷害。

還有很多人會說憂鬱症是有錢人才能得的病，是閒著沒事幹的人得的病，一般人忙死了，哪會得這麼「高貴」的病，這也是很大的誤解。資料顯示，憂鬱症患者人數最多的人群是收入偏低者，尤其是農村人群。

在中國，農村憂鬱症的自殺率是城市的兩倍。一些農民因為經濟條件差，對抗風險能力弱，精神處於較大的壓力下，所以憂鬱症患病率高。再加上他們治療水準非常低，導致惡性循環，會產生極為可怕的後果。所以，提高落後地區的經濟水準，可以有效預防憂鬱症、治療憂鬱症。

不過，在我們平時的理解中，似乎作家、文藝工作者更易患憂鬱症。經常會有新聞報導：某官員因為憂鬱症自殺，某老闆因為憂鬱症跳樓，某記者因為憂鬱症跳樓……這是因為他們是名人，所以更容易受到媒體和輿論的關注。

我身邊就發生過這樣的事情。我四姨——我媽的親姐姐，就因為憂鬱症最後上吊自殺了。街坊鄰居們只會說：「哎，她也太想不開了。」可沒人知道那時她心裏有多麼絕望和痛苦。

四姨幾年前患有糖尿病，子女不在身邊，再加上與姨丈感情不和，所以有很嚴重的心理疾病。

四姨家的房子就在我們家前面。她離世前一個月，我在家裏過暑假，有一天，突然聽到四姨家傳來大哭聲和咒罵聲，我們以為只是一場平常的吵架，就沒有多留意。

次日，媽媽過去詢問，才知道昨天四姨和姨夫吵架後衝動地要用繩子吊死自己。媽媽又心疼又擔憂，就把四姨帶到我們家，給她做飯，陪她說話。很快，四姨的情緒有所好轉。

只可惜，媽媽不能時時陪在四姨身邊，四姨最終還是以上吊結束了生命。這件事情對媽媽的打擊非常大，她對我說：「不想活了，要喝藥。」後來，幸虧媽媽找到了新的精神追求和支撐，終於不再提自殺的事。

憂鬱症患病人數多，治療難度大，而且患病原因很難確定，所以治癒率很低。再加上心理疾病需要長期系統的治療，所花費時間與金錢太多，所以很多人治療到一半就放棄了。

迷霧散去，活著就是一種勝利

但這並不意味著憂鬱症無法被治癒，事實上，憂鬱症是可以被治癒的。比如，張進就透過藥物治療治癒了憂鬱症，現在已經能夠正常工作。毛大慶也透過跑步治癒了憂鬱症，現在已經可以正常參加社會活動。

不管什麼樣的方法，只要能把憂鬱症治好，總是令人開心的。有自殺衝動的憂鬱症患者應該立刻去看醫生，家人也要注意觀察，及時帶其去接受治療，不要錯過治療時機。對於嚴重到想要自殺的憂鬱症患者來說，能夠活著就是一種勝利。

生命只有一次，所以不要輕易放棄。要給自己重生的機會，要知道醫學技術在進步，心理學也在進步，總有一天，憂鬱症可以被完全治癒。

我曾看過一部電影——《迷霧》，講的就是人們對抗絕望、以求生存的故事。安寧的小鎮突然被迷霧籠罩，人們被怪物襲擊，躲在超市裏不敢出去。迷霧久久不散，人性在絕望中備受考驗。男主角無法承受這樣的絕望，於是逃出了超市。最後，燃油耗盡，他選擇了放棄，在親手殺死自己的兒子後，準備舉槍自殺。可當他舉起槍時，卻發現槍裏沒有了子彈。這時候，迷霧散去，光明重現。

其實憂鬱症就像《迷霧》中的怪物一樣襲擊著人類，即使再恐懼，我們也要試著堅持下去。我們要相信，只要活著，總會等到戰勝它的那一天。

36 別自卑，活出自己的光彩

老盯著白紙上的黑點不是辦法

有人說，整容和改名是沒用的，重要的是提升內在的自我形象與認同。長得不帥不美，可以拚毅力、拚勇氣、拚想得開……總有一項拿得出手的。

我是一個很自卑的人，原因有很多：沒有考上名牌大學，身材不夠好，沒錢，沒有自控力，貪吃……

我發現不止我這樣，很多朋友也存在這樣的問題：年齡、身高、口音、長相、工作、膚色……任何一項都會讓人自卑。

不是條件問題，是世俗比較產生自卑

然而，實際上，他們都很優秀。我不明白他們為什麼自卑，就如同別人不明白我為什麼自卑一樣。

人們到底在自卑什麼？

舉個最簡單的例子，有很多人為自己的樣貌而感到自卑，他們覺得自己長得醜，所以自卑。但事實上，從人們的審美觀來看，沒有絕對的美醜，因為每個時代的審美標準都不一樣。極美和極醜的人都是少數，更多的人長相居中。

長相漂亮的人確實更受大家歡迎，這是毋庸置疑的。那其他人就都沒有辦法了嗎？不。如果真覺得自己長得不夠漂亮，可以透過多種方法來改變，比如說整容、化妝、打扮，這些都可以提升自我形象。

我是贊同整容的，只要醫生的整容技術高超，整容後能讓自己更美，完全可以試試。但並不是人人都能整容，畢竟整容的費用不菲，對於整不起的人來說，我們可以採用精神勝利法。

馬雲長得不好看，在他的成長經歷中，估計受過很多關於他容貌的嘲笑。但馬雲照樣活得風生水起，隨便一句話就能掀起「血雨腥風」。沒有人說馬雲醜，有人甚至說馬雲的面相就是富貴相。所以說，容貌並不是決定人生成敗的唯一因素。長得不美，可以跟別人拚智商。如果智商拚不過，那就拚毅力，總有一項我們能夠拿得出手。其實有些自卑是完全沒必要的。

勇氣，是劣勢中卻活出自己的光彩

有的女生會因為皮膚黑而自卑，其實這完全是自尋煩惱。美國總統歐巴馬和脫口秀女王歐普拉膚色也黑啊，但是他們卻能夠在演講時神采飛揚、光芒萬丈。

有人會因為自己個子矮而自卑，韓國女明星宋慧喬個子也不是很高啊，可這並不妨礙她成為韓國的國民女神。

有的人會因身體殘疾而自卑，但有那麼多身體殘疾的人並沒有自怨自艾，相反，他們活出了生命最精彩的樣子。

廖智是一名舞蹈老師，她在二〇〇八年五月十二日汶川地震中失去了雙腿。但她並沒有放棄舞蹈夢——她戴上假肢，繼續跳舞。她戴著假肢跳的舞蹈《走向希望》打動了無數觀眾，人們因此稱她為「無腿舞后」、「烈火中的鳳凰」。她還出了一本書——《感謝生命的美意》。

力克．胡哲（Nick Vujicic），天生沒有四肢，但他騎馬、敲鼓、游泳、踢足球，樣樣皆能。在他看來，沒有做不成的事。他擁有兩個大學學位，並於二〇〇五年獲得「傑出澳洲青年獎」。他為人樂觀幽默、堅毅不屈，熱愛並鼓勵身邊的人。他的足跡遍布世界各地，他的演講也激勵了無數人，他已經是聞名全球的勵志大師。

跟他們相比，我們大部分人都四肢健全。既然他們可以在那樣極端的條件下依然做出偉大的成就，我們為什麼不能活出自己的光彩呢？

請放下自卑，勇敢地去追求自己的夢想吧！相信自己，一定能活出自己的精彩！

37 放下過去，往前看

把往事當花肥，而非絆腳石

人總是會在事情發生之後後悔，但世上沒有後悔藥，除了在影視作品中，時光倒流從未出現。

前幾天，我和大學同學小恩又聊起了學歷問題，她到現在仍覺得自己的學歷太低，心裏一直很難過。

我們就讀的大學是一所普通院校，畢業證上的學歷是專科。我那時夢想當記者，所以就自考了新聞學專業。小恩對化工專業學得很認真，再加上畢業實習又去了食品廠，所以就考了化工專業的本科。

但她還是覺得自己學歷低，總是為此而懊惱。其實，我有時想起來也會後悔，後悔自己當初為什麼沒有再努力一點，去考一個名牌大學。

我想，這是我們很多人的通病，總是為過去已經發生的事情不停地後悔，有時甚至嚴重到影響現在的生活。

不願放手的悔恨，是心頭的一根刺

其實回過頭來再想想，對過去的後悔實在沒用。泰戈爾說過：「如果錯過太陽時你流了淚，那麼你也要錯過群星了。」

朋友顏方就是這樣。她和男友分手之後就一直咒罵男友，恨自己沒有早認清男友的真面目，恨自己不夠果斷決絕，恨自己沒有早點離開他：即使他對她不好，也還是一直委屈地待在他身邊……

顏方一直沒能完全放下這段感情，這件事一直是她心中的一根刺。她常常會想起過去，後悔自己的軟弱和忍讓。

這種後悔其實是不切實際的，因為無論再怎麼後悔，我們也無法回到過去，無法改變過去那些已經發生了的事。

我們總是會在事情發生之後後悔，但世上沒有後悔藥，到現在為止，除了在影視劇作品中，我還沒有看到過任何時光倒流的事。其實，就算我們能夠回到過去，我們也無法改變過去的人生軌跡。

我們以為回到過去就能夠掌控未來，但我們錯了。犯錯也是成長的一部分，是無法避免的，沒有人會擁有完美的人生。

如果可以選擇，誰不想要完美的人生？家境優渥、學業有成、感情順利……這樣的人有沒有？肯定有。不過對我們這些普通人來說，生活更多是跌跌撞撞、磕磕絆絆，在泥濘中摔跤，在挫折中成長。

如果不停地為過去發生的事情後悔，我們就會陷入悔恨的泥潭中無法自拔，就會導致現在的時間也被浪費，我們就會在後悔、後悔、再後悔這樣的惡性循環中走不出來。

與過去和解，你已經做得很好了

如果真覺得學歷是個遺憾，何不現在就去考一個呢？存錢去讀個碩士學位課程，學歷問題不就解決了嗎？學習是永無止境的，我們最該擔心的是自己能力提升太慢，而不是學歷太低。

那個詛咒前男友的女生，妳也應該學會和自己的過去說再見，不再苛責自己。在我看來，妳已經做得很不錯了。人在感情脆弱時很難做出果斷的決定，猶豫不決是正常的，妳要允許自己有那樣的時刻。

放過以前的妳吧，時間無法倒流，過去的那些事情已經無法改變，人生本來就是在一邊失去、一邊擁有中度過的。不放下過去，怎麼能張開雙臂擁抱新的生活？不肯釋懷，怎麼能心安理得地走上新的征程？再後悔，過去的也過去了，一直沉浸在對過去的悔恨中，最終換來的不過是新一輪的悔恨。

好好生活，珍惜當下，才是從過去的泥潭中走出來的最好方法。

38 只承擔屬於自己的責任

不要把天下的錯都攬上

認為一切都是自己的錯造成的，陷入自責，其實是一種異常狹隘的認知。

朋友秋秋最近心情不佳，常來跟我訴苦。她說最近工作專案進展不順利，和男朋友的感情又出現裂痕，還被家人逼婚，惹得家裏的老人不開心……這些都是因為她自己沒有把事情處理好，都是她的錯，她為此很自責。

思來想去，秋秋焦慮得吃不下飯、睡不著覺，每天夜裏失眠到兩三點。她恨不得立刻擁有一種超能力，把這些問題都解決了，把「自己的錯」改過來。

其實，這種觀點背後是有個邏輯的：認為一切都是自己的錯，本質上認為自己能夠改變一切。如果最後事實上沒有改變，那自然就是自己無能，是自己的錯。

這樣的認知其實是非常狹隘的，沒有考慮到客觀條件。

過度自責，對別人亦不公平

專案進展不順利，可能和行業的大環境有關，可能和上司的決策有關，也可能是時機不對，這和團隊的每一個成員都有關係，憑什麼你會覺得一切都是你的錯呢？

和男朋友感情出現問題，這是雙方共同的責任。一段戀愛關係是需要雙方共同維護的，不能把責任單方面地往自己身上攬，戀愛關係中的雙方都需要對雙方的感情負責。

被家人逼婚，家人難道就沒有問題嗎？他們有沒有尊重過你的意見、考慮過你的感受呢？如果他們根本不關心你在外面生活得好不好，只是一個勁逼你結婚，把你當成一個傳遞基因的工具，那他們還算是你的家人嗎？

我們不能把所有問題都壓在自己身上，這樣對自己不公平，對別人也不公平。有些事情的結果不是我們能決定的，除了主觀條件之外，還有很多客觀條件。

比如說，有兩個小孩同時出生，但是一個出生在貧困山區，一個出生在富人區。兩個小孩長大後在一次活動中相遇了。貧困山區的孩子騎著單車，正在為如何升職存錢而苦惱；而富人區的孩子開著豪車，正在為下一筆資金投向哪兒而猶豫。

假如貧困山區的孩子因此責怪自己：我還在為生存發愁，我開不起豪車，搞不起投資，這一切都是我的錯，是我無能，我懶惰……那他這樣自責是不是太主觀了？他是否考慮過兩個人的成長環境？

其實，現實生活中有很多東西是歷史原因造成的，跟我們自身關係不大。

曾經有一句網路流行語是這麼說的：「我奮鬥了十八年才能和你坐在一起喝咖啡。」這話乍一聽，裏面飽含著辛酸，但其實說這話的人應該為自己感到驕傲才是。

他無須自卑，更不必認為自己有錯，因為這句話說明他的成長條件很差。但就算是這樣，他也沒有放棄，經過努力奮鬥，最終獲得了和別人一起喝咖啡的機會。

有些已經存在的事情其實是很難改變的，比如我們的基因結構、我們所成長於其中的階層，還有我們的父母……對於這些不可改變的人和事物，我們要學會接受他（它）們的存在，我們應該在這個基礎上再去做些改變自己的事情。

傳統角色下的罪咎感，沒必要扛

還有一種情況跟上述自責心理差不多：別人犯了錯，卻把錯誤都攬到自己身上。這種心理會讓自己一直處在負面情緒之中，帶著沉重的包袱生活。

朋友雲怡是一名職場媽媽，她白天上班，晚上下班後還要回家看娃。雖然家裏有保姆，可有些事情還是得她自己做，她每天都過得非常累。她的老公平時也上班，但是下班後回到家裏從來不幫忙做家務，也從來不帶孩子，每天就躺在沙發上玩手機、打遊戲。她不止一次和老公溝通過這個問題，但她老公還是我行我素，該玩還是玩。

後來的事情就沒法溝通了——她老公竟然愛上了別的女人，要和她離婚。她又氣又惱，一個勁地埋怨自己，說都是因為自己把精力都放在了工作和孩子身上，對老公關心不夠，才讓別人有了可乘之機。

我曾經一度懷疑她是不是上過「女德班」，現在都二十一世紀了，怎麼還會有這樣的觀念？作為一名職場女性，不僅要工作，還要看娃，她早已經忙得分身乏術了。她的丈夫不和她一起分擔家庭責任也就罷了，竟然還要和她離婚！明明是她老公的錯，她卻把錯誤都攬到自己身上，真叫人又氣又急。

一件事情是由很多原因導致的，我們要在劃分責任時要做綜合與分析，看看自己到底要承擔多少責任。該是自己的責任就是自己的，不是自己的也不要往自己身上攬，不要把過錯都歸咎到自己身上，那樣做對自己和他人來說都是不公平的。

39 幫助別人也是一種自我治療

療癒別人的同時，也療癒了自己

這個在飢餓邊緣掙扎的小男孩，居然還能夠對他人表達同情和愛意。雖然看起來像弱者，可他的內心卻如此強大。

力克．胡哲在他的書《人生不設限》裏講過一個故事：他在柬埔寨時認識了一個小男孩。這個小男孩看起來幾天沒吃東西了，身邊圍著蒼蠅，頭上有傷口，一隻眼睛好像要凸出來，身上散發出腐敗的氣味。

就是這個自己都快活不下去的小男孩，卻對力克．胡哲流露出深深的憐憫。他把頭頂在力克．胡哲的臉頰上，安撫著力克．胡哲。力克．胡哲被小男孩感動得眼淚直流，回到車裏後也一直無法停止哭泣。

大家都知道力克．胡哲是海豚人——出生的時候沒有四肢。平常人輕輕鬆鬆就可以完成的事，對力克．胡哲來說卻是巨大的挑戰。活著對他來說都已經特別艱難了，可他卻又因為什麼被這個小男生打動了呢？

力克．胡哲說：「我不知道這孩子經歷了些什麼，也不知道他的生活有多艱苦，但我可以告訴你，他的態度讓人驚奇。因為儘管他自己也面臨許多問題，他依然有能力伸出手安慰別人。這種同理心與憐憫心是多麼棒的天賦！」

我深受觸動，因為這個小男生也顛覆了我的觀念。在我看來，一個缺吃少穿，隨時處於饑餓和死亡邊緣的小男生本就是不折不扣的弱者，他的內心難道不是應該感到憤怒和絕望嗎？不是應該對生活叫苦連天嗎？

沒有白受的苦，歷經苦難才有價值

可是這個小男生卻如此與眾不同，他居然還能夠對他人表達同情、關心和愛意。雖然看起來他是弱者，可他的內心卻如此強大。

和這個小男生相比，我深感慚愧。大部分人痛苦時，眼裏只有自己，覺得自己是世上最淒慘的人，我就是這樣。我一旦感覺痛苦，內心就會被痛苦的情緒所籠罩，眼裏只有自己，根本沒有空間去關心別人。

很多憂鬱症患者，也是因為把整個人生都局限在自己身上，看不到更廣闊的世界，所以才很難走出困境。如果你也遭遇了這樣的情況，不妨向那個小男生學習，暫時停止對自己無休止的關注，關心一下別人。

就像電影《今天暫時停止》中的男主角菲爾一樣。當他發現自己被困在普蘇塔尼小鎮，每一天都是二月二日時，他也被痛苦和絕望所籠罩。但後來他釋然了，開始主動去幫助小鎮上需要幫助的人。當他破除自我封閉意識，關心別人時，神奇的事情發生了，他受到了大家的喜愛，新的一天也來臨了。

當你眼裏只有自己的痛苦時，你的眼界是狹隘的，也很難走出無助的牢籠。可當你走出自己的小世界，去接觸別人、幫助別人時，你會有不一樣的感受——當你幫助別人消解痛苦時，你會重新感受到自己的價值。

飽受產後憂鬱症之苦，卻因分享而找到力量

我在網上認識了一個叫荷荷的年輕媽媽，她在生完孩子後就得了產後憂鬱症。她家裏人對她很好，老公也非常盡責，但是產後憂鬱這個病具有偶然性，說不準就被誰碰上。

剛開始她也是經常哭訴，覺得自己從產後憂鬱症中走不出來了，有時甚至連孩子都不

想管了，想離開家，一走了之。她也不想去看醫生，想試試看自己能不能硬扛過去。

後來，她的情況愈來愈嚴重，我實在看不下去了，就跟她說讓她試著把自己的心情寫出來，抒發一下內心的煩悶。於是，她就開始在照顧孩子之餘用文字寫下自己的苦惱，並記錄自己是如何來處理這些問題的。

她把文章發到網上後，很快就收到了來自其他孩子媽媽的回應，她們也將自己的困惑講了出來。她這才知道，原來大家都有同樣的困惑，都處在痛苦中。

荷荷為了更好地勸解那些在痛苦中的媽媽們，就開始自學心理學的認知療法。她先在自己身上試驗，覺得不錯就把感受在網上發表。慢慢地，在分享的過程中，她居然從產後憂鬱症中走了出來，而且還對心理學產生了濃厚的興趣，於是下定決心以後要繼續學習。

在幫助別人的過程中，荷荷不僅療癒了自己，療癒了別人，還學習了知識，可謂一舉多得。

力克．胡哲說：「幫助別人，也是一種自我治療。」

他自己就是這句話的實踐者。雖然身體不完美，但他卻能夠對社會做出巨大貢獻，激勵無數人勇敢突破自己。

正在痛苦中的你，不妨試一試主動幫助別人，也許會有改變發生。

40 多讚美，別在傷口上撒鹽

態度決定了高度

喜歡在社群貼文下留言嘲諷的人，都有一種共性：見不得別人好，自己也過得不開心。

我有一個很特別的女性友人，她特別喜歡在別人發的資訊或照片下面留言，但是說的都是風涼話，幾乎沒一句好聽的。

比如別人轉發了一篇讀書類的文章，她就說：「讀什麼讀，小心變成書呆子！」別人發了一組生活照片，有美景，有美食，本意上是為了表達幸福心情，但她卻在下面留言：「難道你對生活就這點要求嗎？這有什麼值得開心的？」

還有的人在社群裏寫自己得了憂鬱症很痛苦，想尋求幫助，她就在下面刻薄地留言：「都是閒的，你太玻璃心了吧。」

她也曾對我說過風涼話。我曾經在社群發過一組自拍照，她就在我的自拍照下面留言：「妳的胸太小了，下巴不夠尖，得整整。」氣得我直接把她給封鎖了。難道妳不懂別人發自拍就是想求點讚嗎？為什麼偏偏過來破壞別人的心情呢？

講話機車，多半不快樂

我還有一個熟人也特別喜歡諷刺人。

有一天，我穿了一身旗袍，她看見後不但沒有誇讚我，反而諷刺我，說我的旗袍難看：「妳會不會穿衣服啊？妳看妳衣服顏色跟妳的膚色都不搭，顯得好沒品味啊！」

我看了看她穿的臃腫大花裙，毫不客氣地回擊說：「妳先把自己衣服穿好了，再來說我！妳自己都不會打扮，有什麼資格指責我呢？」其實，我不是討厭她說的話，而是討厭她那種居高臨下的態度。

我們身邊有很多這樣喜歡說風涼話的人，他們就像蒼蠅在我們耳邊嗡嗡作響，我真恨不得拿個蒼蠅拍把他們趕跑。他們都有一種共性：見不得別人好，總要找碴、挑刺，說出的話讓你不舒服。

他們說的那些話其實稱不上惡毒，但就是讓人聽了很不舒服，用「刻薄」來形容他們可謂格外貼切。

其實，我也研究過那些喜歡說別人風涼話、喜歡挑別人刺的人的心理，他們的內心可能比較灰暗。因為自己內心灰暗，過得不好，所以看見別人過得好就想捅一刀，看見別人過得不好更想踩一腳。這樣的人，其實挺可悲的。

記得之前在網上，經常看作家和菜頭在公眾號留言裏「撕」那些「噴子」（指毫無邏輯事實的指責），剛開始我不理解，直到自己後來也有了親身體驗，才慢慢理解了他。人家辛辛苦苦寫的文章，你不喜歡看就不要看嘛，為什麼看了還要衝過去一頓亂罵呢？

對我們大多數人來說，也許做不到舌粲蓮花，但最起碼我們要有個底線：不要當刻薄的人，不要總是挑別人的毛病。如果可以，請多讚美他人。

刻薄譏諷，更容易陷入孤寂

民間流傳著一個關於蘇軾和佛印的故事。一天，蘇東坡對佛印說：「以大師慧眼看來，吾乃何物？」佛印說：「貧僧眼中，施主乃我佛如來金身。」

蘇東坡聽朋友說自己是佛，自然很高興。可他見佛印身材胖，就打趣地對他說：「然以吾觀之，大師乃牛屎一堆。」

佛印聽蘇東坡說自己是「牛屎一堆」，並未感到不快，只是說：「佛由心生，心中有佛，所見萬物皆是佛；心中是牛屎，所見皆化為牛屎。」

這下可好，蘇東坡「偷雞不著蝕把米」，吃了個悶虧。

佛印的話很有道理。一個內心光明的人，可能更願意從美好光明的角度詮釋這個世界，因而他也能看到更多光明之處。

這個世界是複雜的，世間萬物有好有壞。如果我們總是盯著別人的缺陷，盯著別人不好的一面，去打擊他們，不僅自己心裏難受，也會影響自己的人際關係。

所以，如果我們不想別人刻薄地對待我們，那就不要刻薄地對待別人。那些老罵別人不好的人，其實真應該反思一下自己。

我時常告誡自己，要多讚美別人，發現別人身上的亮點，所以我特別喜歡給別人點讚。他人展示美，我有幸欣賞到，自然要表達感激，這樣他人開心，自己也開心，這是雙贏。讚美他人並不需要太多技巧，喜歡什麼就誇什麼，只要你是真心的就行。

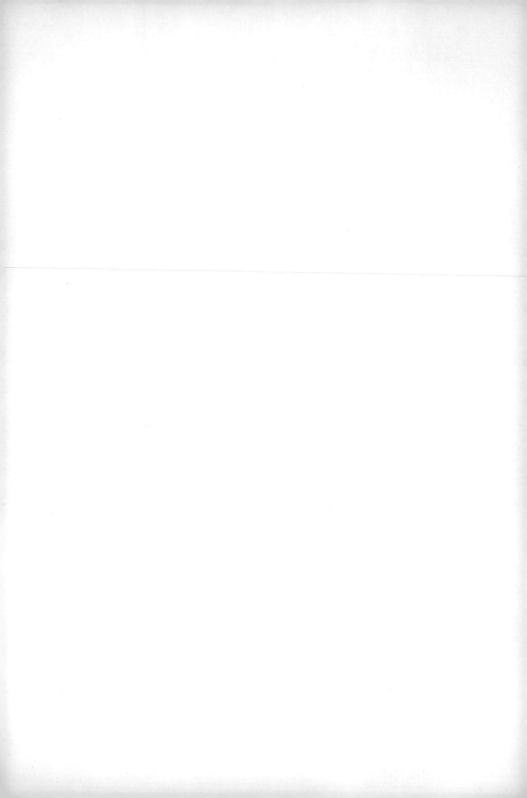

CHAPTER 8

先謀生再謀愛

愛的第一個對象是自己，
我們愛他人，也希望被愛，
這是一個人與生俱來的本能需求。

別忘了一座座孤島，
在海洋底層，
是一大片相連的陸地。

41

誰說世上沒有忘憂草？

時間會讓回憶去蕪存菁

很多人認為失戀後，必將陷入長期的萎靡。允許自己完整走過情緒的五個階段，不故作堅強，也不封閉自己，終能走出傷痛。

《詩經》中記載有這樣一個故事：古代有位婦人因思念遠征的丈夫，遂在家居北堂栽種萱草，藉以解愁忘憂。從此世人稱萱草為「忘憂草」。

忘憂草能不能幫人忘記憂愁我們很難得知，但時間真的能。時間能夠沖淡一個人心中的失落與憂傷，幫助人慢慢遺忘過去。

有很多人因為失戀而終日被悲傷折磨，以為自己離開另外一個人就活不下去了。可隨著時間的流逝，人會漸漸淡忘過去，走向新生活。只不過，有的人忘得快，有的人忘得慢。

我的朋友娟娟就經歷了這樣的過程。剛和男朋友分手時，她一時接受不了這樣的結果，整天都不說話，不吃不喝，也不哭不鬧。我很擔心她，就一直陪在她身邊。

她常常從睡夢中驚醒，一副驚恐的表情。她告訴我，她感覺自己腦袋裏有什麼東西在嗡嗡作響，像一團火在燒一樣，燒得她腦袋都快空了。

我非常心疼，可是卻無法體會她的痛苦，我所能做的只有陪伴她。

第一天，她只喝了少量的水。

第二天，她勉強喝了一盒牛奶。

第三天，她喝了一點粥，但仍然面色蒼白。

第四天，她終於能吃少許東西了，開始號啕大哭。

看到她大哭，我才略微有點放心：大哭意味著她開始慢慢從痛苦中走出來了。

依賴感被剝奪，將歷經五個情緒階段

心理學家伊莉莎白．庫伯勒羅斯（Elisabeth Kübler-Ross）說，被剝奪了依賴感的人，在直面現實之前，會經歷五個情緒階段：第一階段，憤怒；第二階段，否定現實；第三階段，妥協；第四階段，經過漫長的憂鬱期；第五階段，接受現實。

幾乎所有人在失戀後都會經歷娟娟這樣的幾個階段。剛開始可能一時接受不了，但隨著時間的流逝，往事在心中會愈來愈淡，到最後就會放下包袱，開啟新生活。

回憶起娟娟當時的反應，我心有餘悸。她說如果不是我陪在她身邊，可能她真的會失去活下去的勇氣。她在大哭時曾拉著我，說想吃一種能夠讓自己立刻失憶的藥，因為她不想再繼續痛苦下去。我毫無辦法，只能等待她從痛苦中慢慢走出來。

也許以後世界上真的會有一種能瞬間消除痛苦的藥，能夠讓我們忘掉痛苦，從過去走出來，但現在我們只能期冀時間帶走痛苦。

人是有復原能力的，時間會幫我們治癒傷痛，所以當我們受到情感傷害時，不要過於絕望。

我們經常看到這樣一些新聞報導，說某個女生失戀後心灰意冷，無法從失落的感情中走出來，就割腕、吃安眠藥自殺……

每當看到這樣的消息，我總是很痛心。如果這些女生接受過這方面的心理指導，能掌握一些心理復原方法，大概就不會這麼極端地對待感情挫敗，也就能夠自己走出傷痛了。

我們總以為自己對感情的挫敗無能為力，但其實並非如此。我記得我剛失戀那一刻也很難受，不想吃飯，不想睡覺，覺得天都塌了，自己這輩子都沒辦法從這段感情中走出來了。

別老當連體嬰，平時就該建立自己的後援部隊

但是，時間幫我淡忘了這一切。由於工作開始忙碌起來，我不得不打起精神去應對，根本沒有時間去痛苦，漸漸就從失戀的傷痛中走了出來。

失戀的痛苦只是一時的，我們要明白，一切終將過去，時間會幫我們忘掉痛苦。但我們也不能坐以待斃，而要想辦法轉移自己的注意力，盡可能縮短憂鬱期，不要為了已經失去的東西浪費精力。

心理學家克里斯多夫．彼得森（Christopher Peterson）曾說過，多數青年人會預言自己在失戀之後陷入數月、甚至數年的萎靡不振期。但事實證明，傷心只會持續很短的時間，他們很快就能重新開始新生活。

所以，當我們遭遇情傷時，要對自己抱有希望，相信自己是有復原能力的，只不過這種復原能力需要學習和喚醒。既然這種能力需要學習，那我們就應該早做準備，不要等到挫敗來臨時再慌張應對。比如說，平時我們不要總是一個人孤獨地生活，可以多交幾個貼

心的朋友，大家經常聚一聚，至少難過時還能有人依靠。

此外，我們還可以和親人多溝通、多聯繫，以便在悲傷時也能尋求到家庭的支持，而不是只能一人吞嚥憂傷。

我們還要留心自己的心情在什麼樣的狀態和環境下是最好的，等下次悲傷時，我們就可以試著調整情緒，復原到更好的狀態。

走出痛苦的方法有很多，但最終我們還是要借助時間去忘掉傷痛。

也許在未來的某一天，你偶然會想起過去，卻發現自己再也想不起那個人的面孔，到那個時候，你會驚嘆時間的神奇；也是在那時候，你會發現，過去的傷痛不值一提，你已將過去的傷痛全部放下。

42 學習的最佳時機在何時？

年齡是假議題

很多二三十歲的年輕人，心理上已經接近暮年，覺得現在學習為時已晚。反倒有些八十歲的人還在認真求知，不放棄追求成長。

經常有人問我寫作方面的問題，我最常聽到的是：「你看我年紀大了，現在學寫作是不是為時已晚？」

不少人在學新東西時，都會有這樣的擔憂，我也有。

讀大學時，我有段時間特別想學琴，就報了一個電子琴培訓班，跟一群小孩子一起學起來。當時，班上還有一個成年男人，於是我們兩個成年人就夾在一群孩子中間上課。可沒過多久，那個男人就不來了，只剩下我一個成年人。

我很孤獨，覺得自己是不是年齡大了，已經不適合學琴了。這種觀念愈來愈強烈，最後我也和那個男人一樣，沒有繼續去上課。

後來每每想起此事，我都有種隱隱的心痛：為何想學新東西，卻總擔心是不是為時已晚，是不是跟別人格格不入呢？

我從小在農村長大，除了上學，沒有接受過什麼美學教育、藝術教育。所以當我來到城市，看到城裏的孩子去上各種培訓班，心裏就特別羡慕。而且我小的時候就算想學，家裏也沒錢，根本沒有那麼多的機會去學。

現在我是成年人了，經濟能力允許我去學自己喜歡的東西了，但我仍然會糾結很久。我總是擔心我已經錯過了學習的最佳時間，擔心學不會被人笑話，以至於在猶豫不決中白白錯過很多機會。

自己的夢想，別寄託在下一代身上

我認識一些和我同齡、已經當了媽媽的女人，她們現在都覺得自己無論學什麼都已經晚了、沒用了，所以就什麼都不學，把所有的希望寄託在自己孩子身上，逼著孩子上各種培訓班。

我表姐就是這樣。她的孩子才剛出生，她就給孩子預訂了一堆課程，說等孩子大點就讓孩子去學，還說這些都是她小時候想學卻沒條件學的，以後都讓孩子學會了，不留遺憾。

我問她：「那妳呢？妳怎麼不學？既然這是妳想學的，妳可以抽空去學啊，為什麼要把這個擔子壓在孩子身上？」

她說：「我年紀大了，學不了了，還是讓孩子學吧。」

我看著剛剛三十歲的她，很是不解：為什麼一個人當了媽媽，就自動把自己的人生定格了呢？三十歲，不正是風華正茂、活力四射的年齡嗎？而她說出的話，卻像一個八十歲的老人才會說的。

現在的社會很奇怪，很多二三十歲的年輕人，心理上已經接近暮年，自動放棄了成長，他們覺得自己現在學習已經晚了，反而是那些八十歲的人還在認真求知，比如羅振宇在跨年演講時提到的姜淑梅老太太。

一九三七年出生的姜淑梅，六十歲開始認字，七十五歲開始寫作。她已經出版了四部小說，擁有很多自稱為「薑絲」的讀者。除了寫作，姜淑梅還學彈琴、學畫畫，每天堅持做仰臥起坐，真是個不一般的老太太。

和那些勤奮進取的老人比，我們是不是應該有所觸動和反省呢？

保持好奇，農村老太太照樣活得風生水起

我還想說一說我媽。她是一位農村女性，快六十歲了，之前除了幹農活、做飯，別的什麼都不會。對於這些年新興起來的各種技能，我其實很能理解她的無力感：她的人生可能就這樣了，不會就不會吧，反正也不缺吃穿。

有時我在心裏也會拿她和別人的媽媽比較，覺得別人的媽媽都很厲害，只有自己的媽媽什麼都不會，沒什麼拿得出手的特長。我們總說家長們喜歡拿自己的孩子和別人家的孩子比，其實孩子們也會拿自己的父母和別人的父母比。

別人的媽媽會開車，而我媽媽卻只會騎自行車。她從小在山溝裏長大，剛上國一就輟學了。後來她結婚生子，種地養娃，幾乎沒出過遠門。

但我媽媽沒有放棄，後來學會了騎電動車，經常一個人騎著電動車到處跑，有時還騎幾十公里路去縣城。農村的路不好走，像我這樣的年輕人騎起電動車來都不穩當，我媽卻能來去自如，這讓我佩服不已。

她還跟著姐妹們一起學習電子琴，雖然因為年齡大了，記憶力不好，學起來很艱難，

但她還是坐在凳子上，笨拙又認真地練習。記得有一次回家，我看到表姐彈琴，我媽就坐在旁邊學習，那一幕頗讓我感動。

我媽也學會了用微信，雖然學了很長時間，但她還是從一點一滴學起，發語音、打字、開視訊……慢慢地都學會了。現在她經常用微信跟我聊天，給我發她拍的照片，還時不時來個視訊通話，看看我在幹什麼。

她的學習態度完全顛覆了我已有的認知！我想，以後無論她想做什麼，我都會全力支援她，再不用「已經過時了」的言論來打擊她。

隨著年齡的增長，我們的體力會減弱，大腦的反應速度會減慢，學習新事物會很困難。但我們要知道，只要想學，就一定能學成。

不管學還是不學，我們最終都會老去。今天的你如果什麼也不學，十年後只是一個老了十歲的人——只有年齡的增長，沒有智慧的增長；而那些敢於突破限制的人，十年後雖然也老了十歲，但他學了自己想學的技能，增長了智慧。

我們還要知道：學習，什麼時候開始都不算晚。只要想學習，想做事，你起心動念的那一刻就是最佳時機，就不算過時。

每種花都有自己的花期，就像迎春花在春天開放，而梅花在冬天開放。

所以，無所謂時機，也無所謂早晚，因為在未知面前，我們永遠都是孩子。我們應該一生都保持好奇心，不斷嘗試。這樣的生命，即便肉體垂垂老矣，卻因為擁有一顆童心而擁有永遠年輕、有趣的靈魂。

43

為自己挖掘強大的人際關係護城河

被忽略的村落效應危機

一個人吃飯、慶生，一個人跨年，一線城市中，滿是任孤寂啃噬心靈的「空巢青年」。

我一直是愛折騰的人，喜歡從一個城市跑到另一個城市並樂此不疲。前些天我回老家，在市裏見到了我的好朋友麗娟，她和我恰恰相反，這些年一直在老家。

不想麻煩別人的傲氣，綑綁了自己

她人很聰明，工作又勤奮。當我在外漂泊的這些年裏，她買了房子和車子，過上了女孩子們夢想中的小日子，自由、灑脫。

當我站在她位於市中心的高層公寓樓裏，看著外面的風景時，忍不住讚嘆她的生活：「妳活得真愜意。」可她的回答卻出乎我的意料，她說她很孤獨。我半晌無語，回過神來告訴她：「我也覺得孤獨。」

我一直信奉一條人生原則：盡可能少麻煩別人。所以一直以來我都是一個人。我不斷提升自己獨立處理事情的能力，盡量什麼事都自己做，漸漸地，我好像不需要朋友了；再加上對婚姻的恐懼和平常看到的一些負面新聞，我甚至打算成為不婚主義者、頂客族。這樣的單身生活自由自在，不是很快樂嗎？可實際上並非如此。

當我工作順利、心情很好時，一個人確實很自由。可是，當我生病受挫、傷心難過時，一個人可就沒那麼開心了。

加拿大作家蘇珊·平克（Susan Pinker）在她的著作《村落效應》裏說，很多美國人唯一信任的人就是自己的婚姻伴侶，數以百萬計的美國人距離「無人可信」只有「一人之遙」，這似乎成了大都市人群的一種無奈現狀。

比如說我，就是什麼事情都想靠自己，對所有問題只想自己一個人硬扛。有一次，我要搬家，因為東西很多，有個朋友就說：「妳哪天搬家告訴我，我幫妳搬吧。」但我不想麻煩別人，想自己完成這件事，所以搬家時就沒有叫他。

我記得很清楚，那天我自己一個人一趟一趟地搬，搬到第七趟，我實在扛不住了，幾乎崩潰了。我不得不承認，在傷心無助時，我尤其需要朋友。

但現在的朋友也和以前的朋友不一樣了。

網路加速了城市孤島效應

前些年，智慧手機還沒有出現，網路也還沒有如今這麼發達時，我們在真實生活中的朋友還真不少。可是，當手機愈來愈智慧，我們大部分的時間和精力都投入到了虛擬的空間，很少與朋友面對面交流了。

工作時，我們使用網路；吃飯時，我們不停滑手機；旅遊時，我們不停滑手機；甚至連約會時，我們也要拿著手機滑一下……

我們整天活在網路裏，離真實世界愈來愈遠。我們的網路好友愈來愈多，能夠多達幾千人、上萬人，可在現實生活中卻找不到一個可以傾訴衷腸的知心朋友。

這種現象在一線城市很常見。一線城市有很多「空巢青年」，他們把大部分社交時間都花在了網路上，線下交流時間愈來愈少，所以在網上吐槽自己孤獨的人很多。

人永遠需要真摯友情的陪伴

但我們要清楚一點，網路上的朋友再多，那也只是虛擬空間的，而不是現實世界的朋友。朋友那麼多，可真正能夠帶給我們溫情與安慰的並沒有幾個。

因為朋友對我們很重要，所以我們要多和朋友交流，多和朋友在一起。朋友對於我們來說就像我們身處複雜世界時得到的一味良藥，能夠幫助我們重新找回生活的勇氣。

我們要多和朋友在一起，因為孤獨可能會傷害我們。有的人會說，一個人也可以很快樂，但關鍵是，這種快樂到底是真還是假？恐怕自己心裏最清楚吧。渴望幸福的人總是會積極地、真誠地去尋找愛人，建立穩定的親密關係，這樣會讓自己更加強大。

在沒碰到難題之前，我也一直覺得一個人挺好，直到自己碰上了一些棘手的問題，我才明白朋友的重要性。

前段日子，我很絕望，整個人處在隨時崩潰的邊緣。遠在鄭州的朋友小恩聽說了我的情況之後，打電話給我，讓我去她那裏住一段時間。

於是，我去了鄭州。

我在鄭州住的那段時間裏，生活很簡單。平時她上班，我就在家裏做飯，吃完飯後兩人一起出門散散步；週末時一起看電影、吃飯，去機場看飛機起降……

我和她在一起的那段時間很愜意，整個人的狀態也開始慢慢變好，煩心事全忘掉了，內心的傷痛被溫暖的友情治癒了。

和自己的朋友在一起，除了精神上的變化外，我們的生理也會發生變化。蘇珊．平克在《村落效應》這本書中就揭示了其中的奧妙：

你的身體會分泌出更多的內生性（Endogeneity）鴉片——它就像我們身體自帶的止痛藥；同時，身體會減少一些腎上腺素、去甲腎上腺素和糖皮質激素等物質的分泌，這些物質對我們的身體是具有破壞性的。

所以，我們要常常和朋友聯繫，與朋友保持密切的關係，就算有了戀人，也不要「見色忘友」。

我經常會告訴那些談了戀愛的女人，不要把所有的社交關係押注到一個人身上。我們要多交幾個知心朋友，維護好社交關係，這樣才能在和戀人關係破裂時，還有朋友守護，也更容易幫助我們從感情傷痛中復原。

二〇一七年很紅的電影《前任3：再見前任》中，男主角孟雲的經歷就告訴了我們朋友的重要性。

和林佳分手後，他一個人待在家裏，到處打電話，希望找個人一起玩，但大家都很忙，所以很難找到。還好朋友余飛可以帶著他一起玩，陪他一起度過最傷心的時刻。如果連朋友都沒有，孟雲大概只能獨自買醉了。

除了多交知心朋友，我們還可以加入自己喜歡的俱樂部、社群，多去參與真實的社交活動。這些真實的人際關係都會成為支援我們的力量。

正向心理學家克里斯多夫．彼得森說，如果用幾個字來總結正向心理學，那就是「他人很重要」。

我們要愛他人，還要被他人愛，這是一個人與生俱來的本能需求。每個人都應該為自己建立起強大的人際關係護城河，因為良好的人際關係可以讓我們更有能力防禦危機。

當我想獨處時，我就獨處；當我心情沮喪、失落，需要朋友安慰時，我會去向朋友尋求支持。我會告訴他們：「我需要你們。」而當朋友需要我時，我也會出現在他們面前。

我們相互依賴，我們守護彼此。這，就是愛。

44

為什麼非要等著別人來愛？

先付出所需要的

在日本的《屋頂表白大會》節目中，校長鼓勵學生們進行愛的表白，就算被拒絕也沒有關係。我們學習各種知識技能，卻從未學習愛。

有一次，和新認識的幾個朋友一起吃飯聊天，其中有個女生滿腹委屈：「為什麼你們總是有人陪，有人關心，而我卻這麼孤獨，都沒人愛我！」

我們都被她這麼突然的一句話給驚住了，所有人的臉上都似乎掛著一個大寫的問號。

她向我們解釋了她這麼說的原因。原來，因為她總是一個人待著，沒有人關心她，也沒有人和她說話，所以下班後，她經常窩在家裏看電視劇，休息時也幾乎全是在滑手機，很少參加社交活動，都快得憂鬱症了。

她感覺自己是這個世界上最缺乏愛的人：生病沒人問候，生日也沒人記得，心情難過了只能抱著玩偶熊哭泣……聽她這麼一說，我們紛紛表示同情。

在我們還沉浸在對這個女生的同情中時，突然有個男生問了一句：「妳說沒有人關心妳，那妳平時關心過別人嗎？」

女生愣住了，很不服氣地回答：「都沒有人愛我，我為什麼要愛別人呢？」

男生繼續追問：「為什麼非要等著別人來愛妳呢？妳可以試試先去愛別人啊。」

女生一聽愣住了。很顯然，她從來沒有想過這個問題。但她並沒有生氣，反而覺得那個男生說得有道理。

我聽到過不少人說自己缺愛，但他們卻不知道愛在哪裏，也不知道該如何去尋找愛。

我剛來北京時，可能比這個女生更孤獨，比她的抱怨更多。那時候，我在北京沒有認識的人，沒有朋友、親人，遇到難題不知道找誰求助，被欺騙了也只能自己一邊哭一邊想辦法。記得那一刻，我怨天怨地，看什麼都不順眼。那時的我極度缺愛，一直在想：為什麼沒有人來愛我？

這是一個難解的問題。

我有個朋友有社交恐懼症，他怕與人交往，所以就經常一個人「宅」在家裏，結果

「宅」出了憂鬱症。記得有一次他來見我，愁眉苦臉，上來就是一頓抱怨。他說現在這個社會人情味淡薄，要是他餓死在家裏，估計都不會有人知道。

我靜靜地聽他說著內心的苦悶，聽他訴說自己的孤獨與哀怨，內心無比複雜。

對我們來說，愛就像氧氣和水一樣重要。在愛的滋養下，我們從嗷嗷待哺的嬰兒逐漸長大成人。愛讓我們更有安全感，讓我們活得更有底氣，對未來充滿希望。

除了精神上的幫助外，愛對我們的身體也有好處。它可以讓我們的身體分泌催產素（Oxytocin，簡稱OT），提高迷走神經的張力，讓我們健康強壯。所以，不管是從生理上還是心理上來說，我們都需要愛來保駕護航。

既然愛這麼重要，那為什麼還會有那麼多人覺得自己缺少愛？每個人的情況不同，所以原因也有很多。

愛是需要經過後天學習，才能得到的能力

也許是因為環境變動。我們剛到了一個陌生的地方，沒有親友，要一個人面對生活的酸甜苦辣，又害怕被拒絕，所以乾脆放棄交際。

也可能跟社會氛圍有關。現在競爭太激烈，人們經常進行比較，生怕自己居於人後被

鄙視，內心裏自然是劍拔弩張。沒有平和的心境，自然很難感受到愛。還可能和我們的認知有關。在我們的潛意識裏，我們總是習慣於在原地等別人來愛自己，不願意主動去愛別人。

其實這種思維是錯誤的。我們從小學習各種技能（讀書、寫字、畫畫、彈琴），卻從來沒有學習過「愛」這項技能。實際上，愛是需要學習的。

弗洛姆曾說過：「愛不是我們與生俱來的一種本領，而是需要經由後天習得的能力。」

在日本的《屋頂表白大會》節目中，校長鼓勵學生們進行愛的表白，看了讓人特別感動。學生們踴躍表白，就算被拒絕也沒有關係，至少沒有遺憾。當然，也有人在表白後立刻獲得了驚喜。

看看這些學生，他們多麼勇敢，而我們大人呢，卻因為害怕失敗，可能憋了一輩子都沒能將愛說出口。

在現實生活中，我們應該也見過不少這樣的女生：她們總是害怕，總是等待，遇到自己喜歡的人也不敢表白。其實愛要大聲說出來，該爭取時就努力去爭取。

據說作家冰心曾問過作家鐵凝有沒有男朋友，鐵凝回答說還沒找。冰心就勸鐵凝：「妳不要找，妳要等。」

然後，鐵凝在五十歲時終於等到了她的如意郎君。

雖然鐵凝的感情很圓滿，但是我卻不贊同冰心的觀點。我的觀點和冰心恰恰相反，愛不要等，要找。

人生苦短，及時去愛。既然人生都已經這麼短暫了，我們為什麼還要繼續待在原地等待愛來找到我們呢？我們要主動去尋找愛，尋找幸福，這是比等待更積極的一種行為。如果你想找戀人，卻一直在原地等待，極有可能等到生命的盡頭，戀人都還沒有出現。這樣的等待，又有什麼意義呢？

我們去找愛，就要先學會愛，先讓自己成為一個內心有愛的人。這樣再去愛別人，我們就會發現有源源不斷的愛向自己湧過來。

我剛來北京時，也哀怨過一段時間，覺得這世界沒人愛我。後來，我發現這樣下去是不行的，所以我就打開了心扉，主動去愛，去結交朋友，對別人好，在不知不覺中收獲了很多他人的愛。所以，不要在意誰先付出，要記住，我們的目的是體驗愛、擁有愛。

可能有人會說：「我害怕陌生人，不敢和他們說話，這樣該怎麼去找尋愛啊？」細想一下，我們現在的戀人、朋友，不都曾經是陌生人嗎？一回生二回熟，只要打開心扉，多接觸、多交流，自然而然就熟悉了。

每天進行三個愛意聯結練習

如果你是一個內心沒有溫度的人，就要學會在交往時運用一些方法。透過這些方法，你可以感受到更多的愛。這是心理學家芭芭拉·弗雷德里克森在她的書《愛的方法》中給出的貼心建議。

每天進行「三個愛意聯結」練習：隨著每天的日升月落，試著找到至少三個與他人心意相通的機會，要心懷暖意、敬意和善意。

慈愛冥想練習：想像溫柔待你的人和物，可以是子女、配偶，甚至是寵物。當某個人微笑的臉龐浮現在你的腦海裏，你想到這一場景時，經由最輕柔的方式，去觸碰有關這個人的美好回憶。

同理心練習：全身心投入地去感知某個人的痛苦，而不是僅憑眼睛觀察或頭腦思考。看看你是否能對這個人正忍受的痛苦感同身受。

愛，是要主動去追求的，是要付出努力才會獲得的。我們不能一直在原地等待，而要自己去找尋愛，去爭取愛。

愛，就要大聲說出來！

45 感情中，別把任何人都當成你的唯一

拋棄不合時宜的愛情觀

已逝的愛情留下美好的回憶。足矣！學習電影《鐵達尼號》裏的蘿絲，珍愛生命，熱熱烈烈地活。

作家木心寫過一首廣為流傳的詩歌——《從前慢》，裏面有這麼幾句：

從前的日色變得慢
車，馬，郵件都慢
一生只夠愛一個人

木心先生的這幾句詩透著深沉的浪漫，仔細讀一讀，意境十分美妙。但是我最近卻發現有人把這首詩裏的觀點當成了自己的枷鎖。

感情的過客就只是過客，別陪葬幸福

我認識的一個女生失戀了，原因是她男友和她的摯友走到了一起。她大概有兩三年的時間都沉溺在這段破碎的戀情中無法自拔，天天在社群中發出這樣的話：

我的一生，只夠愛你一個人

我的生命裏，你就是唯一

如果沒有你，我的天空就失去了所有的顏色

……　……

這個女生的愛情觀很明顯：唯一的愛情沒有了，生活便沒了趣味。在我的印象裏，很多女生的愛情觀好像都是這樣，一旦愛了就很難放下，會用盡自己的全部力氣去愛一個人。

這樣的愛情雖然很讓人感動，但這種愛情觀會讓自己受傷，在感情裏很被動。要知道，你還在為這段感情悲痛時，人家那邊早就去追求新生活了。

不是非得認同終生不渝的愛情

記得小時候我常聽外婆講王寶釧和薛平貴的故事，至今印象深刻。王寶釧為了愛情，在寒窯苦等薛平貴十八年，最後終於等到了薛平貴回家。

當然，這種事情發生在封建社會一點都不稀奇，因為那時候女性地位低下，社會文化給女性的角色設定就是「忠貞不二」、「從一而終」。但令人遺憾的是，這種封建遺毒，至今還沒有消除，還在影響著當代女性的感情觀。

有的女性，男友明明都變成了前任，跟別人在一起了，可她還在那裏獨自哀傷幽怨，還在傻傻等待。就算把對方當成唯一，也得對方配合你啊。人生如戲，沒有人陪你演，戲怎麼唱得下去？世界那麼大，有趣的靈魂那麼多，何必畫地為牢？

前幾天，我去陶然亭公園，偶然看到了高君宇和石評梅的墓地，心中百般感慨。

高君宇的墓碑上刻著石評梅的深情表白：「君宇，我無力挽住你迅忽如彗星之生命，我只有把剩下的淚流到你墳頭，直到我不能來看你的時候。」

據說，在高君宇離世後，石評梅一直沉浸在自責中，責怪自己沒有早接受高君宇的感情。她每週都會去高君宇的墳上哭祭，有時一待就是一整天。她後來整理了高君宇的所有文字和書信，編成了《墓畔哀歌》，用這種方式表達對戀人的思念。

一九二八年，高君宇離世三年後，年僅二十六歲的石評梅也離開了人世。她的離開，和傷心過度有很大的關係。

我在想，如果石評梅換一種方式思念高君宇，不把高君宇當成唯一，去嘗試著接受新的感情，她是不是就不會那麼早離開人世？

真正的愛，是希望對方不只活在愛情裏

世界上有很多這樣感人的愛情故事，但斯人已逝，我更希望活著的人能夠珍愛自己的生命，從逝去的愛情中走出來，而不是一直沉溺於悲傷。

我們經常會在報紙、電視上看到不少單親媽媽的故事，她們拒絕接受新的感情，獨自一人把孩子養大。這些女性確實很偉大，但她們雖然是母親，可也還是女人啊，為什麼不鼓勵她們去尋找新的感情呢？

女人本應該活得光彩奪目，她們的人生也不應該只有一個身份。

我特別欣賞電影《鐵達尼號》裏傑克對蘿絲說的話：

聽我說，蘿絲。妳會安然脫險的。妳要活下去，生很多孩子，看著他們長大成人。妳

會安享晚年，終老在溫暖的床榻上。不是在這裏，不是今晚，不是像這樣。妳懂嗎？

這才是真正深沉的愛啊！不讓活著的戀人為自己痛苦，而是讓他（她）珍愛生命，好好活著。

CHAPTER 9

心有所向，活成自己喜歡的模樣

傳統社會有一種觀點：
「女人能幹不如嫁得好」，
這是對女性存在價值的否定，

人生最讓人著迷的，
就是自我成長、自我突破。
順心而為，別打壓身上的野性，
盡情地活出心之所向的風景。

46

世上無難事，要戰就戰

不執著NO.1，也不被難波萬絆倒

覺得「好難喔」的背後是意願不高、目標太大，還是此刻情緒不佳？看清自己的難字是怎麼寫成的，一一的拆解。

我們在遇到難以解決的問題時，總會感嘆：這件事情太難了，我辦不到，我想要放棄……

我也經常遇到令人頭疼的事情，每次碰到了就總想著逃避。可人生中的難題不會因為你逃避就自動消失，難題就在那兒，等著你去解決；你要是不解決，它總是在那裏，愈積累愈多。

我經常問自己：這件事難嗎？我真的盡全力去試了嗎？我真的想做成這件事情嗎？當我專門抽出時間，專心致志地啃一塊硬骨頭時，我發現，難題其實並不難，只是我把它想得太難了。

所以，對於人生的難題，我選擇迎難而上。我可以暫時逃避一下，但總體的態度還是要積極向上：要戰便戰，絕不輕易服輸。

不急於求勝，先把完成一件事的意願開到最大

每次在碰到難題想要退縮時，我們需要問問自己：你是否有非常強烈的意願去完成這件事？

說實話，大多數人在生活中都是得過且過，只有少數人有著非常明確的目標和強烈的意願。所以，那些在世俗觀點看來非常成功的人，他們的成功並不是偶然的，至少在做事的意願上，他們要比普通人強烈很多倍。

我想起來最近在看的韓劇——《天空之城》，裏面有一位輔導老師叫金珠英。她挑選學生的標準非常嚴格：學生必須有強烈的求勝欲，必須考第一。求勝欲望不夠強的學生，給她錢，她也不會輔導。

她的學生姜藝瑞就是一個很典型的案例。小時候，姜藝瑞和父親下五子棋輸了，為了贏父親，她不吃不喝奮鬥三天，最後讓她父親佩服得五體投地。但是，一個人不能太看重

勝負，否則容易陷入極端，也會失去其他東西。比如姜藝瑞，她覺得除了第一，其他的名次對她來說都沒價值。

劇中的金珠英老師為了讓學生朴英才考上醫科大學，不惜把朴英才心中最陰暗的一面激發出來，但這樣做的結果是非常慘痛的。最終，朴英才的母親自殺身亡，而朴英才也幾近瘋癲，沒有去大學報到。

金珠英的故事告訴了我們一個很深刻的道理：如果你追求的「贏」可能會違反法律、傷害他人，那就得重新調整。

我們經常會遇見一些超出自己能力範圍的難題，這就需要我們在挑戰過程中對目標進行拆分。我們要明白，一步登天或者一夜成名是不可能的。

其實，我們可以試著換種思路解決問題，把有難度的事情或太高的目標拆分成很多個流程或目標，這樣我們就可以一個一個解決，從容應對每個流程或目標。因為比起一下子完成，這樣的拆分可以讓我們在解決難題時遇到的阻力減弱。

每個寫過論文的人應該都有過這種經歷：一口氣寫完你覺得自己會累死，但是分很多天寫完，你就會覺得沒那麼困難，反倒會覺得很有意思。

但我們要注意的是，由於每個人的情況不同，拆分目標時我們不能盲目和別人比較，拿別人的標準來要求自己。以我自己的寫作經驗，如果你現在讓我自由寫作五百字，我一會兒就能給你寫好，但是換成剛開始寫作的人可能就比較困難了。

我會大致把寫作分解為三個步驟，即寫作、檢查、交稿。但對於一個從來沒有進行過寫作訓練的人來說，他可能需要拆分成好多步驟：想了老半天寫什麼，在列題綱糾結一會兒，鼓起勇氣寫第一個字，寫了又刪掉，鼓起勇氣寫第一句話……

很顯然，同樣一件事，對不同的人來說，難度都是不一樣的。所以，我們不能盲目去比較，而要按照自己的實際情況對目標進行拆分，一點一點處理。

阻力出現，退一步，但不完全妥協

目標拆分完成後，就要應對挑戰了。但新的問題又來了——步驟無法按計畫進行，這時候就需要我們靈活處理。我們要學會靈活一點，如果完成不了，那就後退一步。

就拿健身來說，很多人給自己定了健身的目標，但如果有一天突發狀況，去不了健身房，這一天就乾脆不運動了，這是一種全或無的思維。

我冬天懶得去健身房，因為外面太冷了，出門去健身還不如老老實實地躺在被窩裏。每當這時，我就強迫自己行動起來，在家裏鋪個瑜伽墊，在墊子上做點 HIIT（高強度間歐訓練法）運動。有時連瑜伽墊都懶得鋪，那我就乾脆躺在床上，簡單做些仰臥起坐或者抬腿等運動。

所以，我們可以靈活地處理自己的問題。比如，你今天要讀書，如果連定下目標的一半都沒完成，那就後退一步，先讀十頁，甚至可以先讀一頁。

情緒問題也需要面對——我們可以參照應對挑戰時的策略。很多時候，我們對問題的完成度取決於情緒的好壞：在心情好時，可能事情很容易就能完成；但如果趕上心情不好，問題的困難程度就會被放大很多倍，有時甚至覺得從床上爬起來去解決問題都無比困難。

這時候，我們就要學會把事情放一邊，先把情緒調節好。我們可以試著聽聽音樂，或者約朋友一起吃飯，要嘛出去運動一下……這樣，我們的心情馬上就會有所改變。

我們還可以先做點事情，讓自己找到些許成就感，這樣也能讓我們的情緒變得好起來，之後處理問題就會變得十分自信。

當你心情振奮時，是不是感覺自己可以輕鬆登上聖母峰呢？這時再去解決問題，就可以一鼓作氣，順利達到目標。

所以，我們不要懼怕困難，俗話說得好：「辦法總比困難多。」我們總能找到很多辦法，透過各種方式應對困難。

47 你可以是自己的主人

永遠保持自我突破意識

不依賴外力，長成一棵大樹，為自己遮風避雨，你可以做自己的神人。

如果世上有一種藥，可以讓你增加勇氣，不懼怕任何困難，你會吃嗎？我想，不同的人選擇可能不同，也許你本來就是個勇敢的人，用不著吃這種藥，所以對這種藥根本不感興趣。但是有些人肯定會需要。

很多人都有恐懼症，而且恐懼的東西五花八門。比如社交恐懼——不敢出門見人；恐高——站在稍微高一點的地方就要暈倒；恐飛機——一上飛機就發抖；恐電梯——只能走樓梯，不敢坐電梯……

雖然讓人感到恐懼的東西這麼多，但人在社會中生存，總要出去和別人打交道，你不可能因為恐懼就永遠只待在自己的小房間裏。當恐懼嚴重到一定程度，影響你的日常生活，你會苦不堪言。

達倫·布朗（Derren Brown）是一位英國魔術師，有一天，他突發奇想，想要測試一下「安慰劑」對人克服恐懼的作用，於是就在一檔節目裏聲稱有個叫西塞羅的醫藥公司研發出了一種神奇的新藥，這種藥曾在美國軍隊中測試，結果顯示，它可以讓士兵在戰爭中消除恐懼。

一些備受恐懼症折磨的人聽說了這個消息，非常激動，立刻透過節目組聯繫到了達倫·布朗，要到了這種「藥」，他們還不知道自己已經被當成了被實驗對象。這些人服用了「藥物」後，達倫·布朗也開始了對「藥物」效果的追蹤。

達倫·布朗選取了幾個有代表性的被試進行效果追蹤。他們分別是尼克、丹和凱特，他們三個人均有不同類型的恐懼症。

尼克有嚴重的社交焦慮症，以前他和朋友在一起時，因為朋友被打，他沒敢上前去幫忙，被嚇到逃跑了，所以留下了心理陰影，至今不敢見陌生人。因為沒法跟別人交談，他的生活受到了很大的影響。

丹有恐高症，不同於一般人的恐高，他對高度的畏懼已經嚴重影響到了他的正常生活。他連一座小橋都不敢過去，每次到了橋邊就會嚇僵，所以出行受到了很大的影響。他也知道說出去可能有很多人不相信，但這是事實，他就是邁不過去，就是害怕。

凱特是被試中唯一的女性。作為一名文藝工作者，她本應該在舞台上大放異彩，可她卻因為不敢在眾人面前唱歌，事業受到了極大的阻礙。試鏡時因為恐懼，她嚇得連一句歌詞都唱不出來。

達倫．布朗對他們進行了持續追蹤，他想弄明白恐懼產生的原因是什麼。

用「藥」之後，尼克變得勇敢了。他能夠從容應對別人的找碴，在酒吧裏碰到有人打架，他也能勇敢地上前勸架。

在服「藥」之後，丹對高度沒有那麼畏懼了，他已經能夠獨自過橋，要知道這可是他之前一直無法克服的難題。

對於凱特而言，這個「藥」似乎沒有像對前兩位測試者那樣效果顯著，她還是不敢在眾人面前表演。

只有強烈渴望改變，安慰劑才奏效

這個「藥」真的可以幫助人克服恐懼嗎？

實際上，所謂的醫藥公司是達倫．布朗找的表演場地，只是經過布置，看起來像一個專業的醫藥公司而已。而所謂的醫藥研發人員，其實也只是一幫演員。這種藥物根本不是什麼神藥，它的主要成分是糖，相比於藥，它更像是「安慰劑」。

為何安慰劑對有的人有效，對有的人卻無效呢？達倫．布朗告訴了我們答案：只有非常想要改變，安慰劑才有效。

最後，達倫．布朗將真相公之於眾。他告訴人們：「這些改變都是你們自己的功勞，那所謂的藥物只是糖而已。它之所以起作用，是因為你們完全相信這個藥物是真的，其實這個『藥物』沒什麼作用，只是一種『安慰劑』，真正起作用的，是你們自己。」

這些人在得知真相後，非常激動。可能他們從來沒想到，他們可以僅僅依靠自己的力量就能夠戰勝恐懼。

人都是有惰性的，所以當我們陷入困境、遭遇痛苦、喪失勇氣時，我們總會渴望從外界獲得力量，渴望被拯救，因為我們不相信單單依靠自己的力量就可以從困境中走出來。

人們總有一種觀點：女人幹得好不如嫁得好。但我卻不這麼認為，在我看來，這是對女性存在價值的無視，是對女性能力的否定。所以每次我一聽到誰勸我「找個人嫁了，女人還是得依靠男人」時，我就不開心。生而為人，為什麼我們不能依靠自己呢？

人生最讓人著迷的事情就是自我成長、自我突破。所以，我想成長為一棵參天大樹，為自己遮風擋雨。為什麼會出現前面說的這種觀點呢？說到底，還是社會沒有看到女性的能力。那我們應該如何挖掘自己的力量呢？

首先，我認為最重要的一點就是克服恐懼。我們在嘗試一件從來沒有做過的事情時，總是喜歡先入為主，自己嚇自己。事情可能本來沒那麼困難，但在行動之前，我們被自己大腦裏的念頭嚇住了，於是主動放棄行動。在這方面，我深有體會。

我一直很想滑雪，但每次腦海裏出現這種想法時，我總是會想：算了吧，萬一摔倒了怎麼辦？一定會很疼。後來，經過激烈的思想鬥爭後，我還是決定去滑雪場體驗一下。等我穿上裝備，果不其然，一上來就摔了個狗吃屎，不過根本沒我想像中那麼疼。

摔了幾次後，我想學點滑雪技巧，就請了個教練。教練帶我練習時，只是指導一下，偶爾才扶我一把，大部分時間都是我自己一個人在滑，也就是說，實際上我自己可以做到，只是內心的恐懼讓我以為自己做不到。

真正令我們恐懼的不是事情本身，而是我們的想像。如果我們想對抗這種恐懼，可以先從最容易的步驟開始。我們是自己的神，所以當我們創造自己的人生時，也要一步一步來建立信心。

48 每個生命都有自己的軌跡

你是獨一無二的完整個體

不比較是一種獨立成熟的表現，也是認同自己的證明。

我們往往喜歡和別人比較，而為了顯得自己比較上進，比較的對象常常要比我們優秀很多。但最後比較的結果往往是不盡如人意的，相比於別人的成就來說，我們會發現自己的那點小成就根本算不了什麼，於是，我們就會陷入自我否定的怪圈。

我也是一個喜歡比較的人。看別人穿新衣服展示魔鬼身材，我會在心裏罵自己：看看妳那死樣子，人家多美，妳怎麼這麼土？

看到一個朋友曬出環遊世界的照片，我也罵自己：妳怎麼混的啊？人家都出國了，妳還不知道地球往哪兒轉呢？

看別人寫出「破十萬」閱讀量的文章，我也不忘鄙視自己：妳寫的都是什麼？妳看看人家寫的，妳還好意思繼續嗎？丟不丟人？

我們每個人都有兩種思維模式，一種是積極的，另一種是消極的。從小我們被告知：「虛心使人進步，驕傲使人落後。」但實際上，驕傲的人並不多，反倒是自卑的人不少。

比較會壓縮自我空間，迎來的是放棄

我認識一個女生，高中畢業就出來打工了。有一天，她說她想學英語，於是就買了英語教材，還報了班，開始每天背單字、練口語。剛開始，她學得還挺起勁的，後來有一次在地鐵上，她看見一個中國人在和老外說話，可她完全聽不懂人家在說什麼，就很沮喪，覺得自己就算學了英語也沒有用，於是乾脆放棄了。

其實，這是一種錯誤的思維方式，因為這種比較不是建立在同等條件之下的。她只是聽到人家英語說得那麼流利，卻沒有看到人家背後付出的努力，說不定是苦練多年才有了現在的水準，又或者人家從小在國外長大，成長於英語環境，所以才會把英語說得和母語一樣熟練。

比較是許多人未曾察覺的暴力

印度哲學家克里希那穆提（Jiddu Krishnamurti）將比較視為一種暴力，因為人們對權力、地位和財富等的比較可能會持續終生。

我曾看過一則新聞報導，講的就是因為比較而引發的悲劇。有個小男生，因為父母經常拿他和班裏一個成績比較好的同學比較，每次考完試他都會挨罵，他很生氣。一天，他上學時偷偷藏了一把小刀，把那個成績好的同學給殺了。

這樣的悲劇，還不是個案。

這也是一種非常錯誤的教育方式。每一個孩子都是獨一無二的，都有自己身上的亮點。家長們眼裏只有成績，看不到孩子的獨特價值，只用外在的東西來評判孩子，把孩子工具化，這對孩子來說是一種傷害。當孩子感覺不到自己的價值時，就會毀滅自己、毀滅他人。

我們總是會和別人進行比較，最後，比較的結果往往都是自己不如別人。我們真的不如別人嗎？其實不見得。用別人的優勢和自己的劣勢比較，那我們當然不如別人，最後，比較的結果也不會讓我們振奮起來，只會讓我們更加沮喪。

這種比較其實也是一種暴力，會在無形當中對我們造成傷害。

每個人都是這世間獨特的個體，是世間的唯一，都有自己的人生軌跡，我們要按照自己的軌跡來運行。就如同我們所在的地球，雖然在宇宙中，它不是最大最閃亮的，可它是目前人類已知的唯一存在高等動物的星球。

我們需要發現自己的獨特價值。那麼問題來了，我們該如何確認自己具有獨特的存在價值呢？

我們可以透過記錄來找到自己的價值。比如可以多記錄自己取得的進步，哪怕進步再小，也要記錄下來。每天學了什麼新東西，做了什麼運動，認識了哪些新朋友，看了什麼新書……這些都可以記錄下來，因為這是對自己的認可和自己所取得成績的證明。

有人會說：「我還是忍不住拿自己跟別人比較，怎麼辦？我就是很難接受自己，怎麼辦？」

人生只有一次，不帶條件的接納自己

心理學家阿爾伯特．艾利斯給我們提供了一種解決方法——「無條件接納自我」。這種方法就是教我們從存在主義的角度看待自己。雖然我們很想得到別人的認可，但如果沒有得到別人的認可，也不能因此而否定自己，因為我們的價值並不是由他人的認可來決定的。

每個人都是獨一無二的，每個人的存在價值都取決於自己的選擇。

我們要從整體上進行評價，而不要對具體的行為進行評價。我們做了一件好事，但這不能代表我們就是好人，只是這個行為是好的；同樣的，如果我們做了錯事，也不能代表我們就是壞人，只是這個行為是不好的。就算我們比不過別人，也只是某個方面比不過而已，不代表我們整個人不行。

「無條件接納自我法」會讓我們對自己有更客觀的評價，也不會讓我們的情緒輕易地受外界影響。

所以，下次再看到別人優秀的地方，肯定別人的同時不要否定自己，而要說：「你很優秀，不過我也在進步。也許過程會很緩慢，但至少我是一步一個腳印地前行。」每個生命都有自己的成長軌跡，每個人都是獨一無二的，誰都無法替代。

49 有一樣東西你永遠沒辦法和別人比較

幸福只能自己定義

比車、比房、比能力、比職銜……沉溺於外在條件的較量，是條不歸路，只會淹沒自己。

其實我們都有這種感受：每次跟別人比較完之後，心裏就控制不住地難受，因為每次比較的結果通常都會讓我們懷疑自己。

下面這些體會，幾乎人人都有過。

身材好的人，特別會穿衣搭配。看看自己，又胖又醜，還不會打扮，和別人站在一起，簡直一個天上、一個地下，真想找個地洞鑽進去。

有的人年紀輕輕就有房、有車，再對比一下自己，偶爾在外面吃一頓大餐都要考慮很久。

自己每次在決定做什麼事情之前總是拖拖拉拉、猶豫不決，而別人總能堅決果斷，決定了做什麼事情就立刻行動，毫不拖延。

每次和別人比較時，我總會有這樣一種感覺：別人都過得很好，而我總是過得渾渾噩噩。在這樣的比較下生活，我總是會有恐懼和焦慮的感覺，擔心自己會失敗，會墮落，會活成所有人中最差的那一個。比較來比較去，我始終沒法專心做當下的事情，我的正常生活也受到了影響。有時我會想：這樣的生活，何時才是盡頭啊？

好強的比較心態，猶如快樂的小偷

這讓我想起我小時候。我從小就比較好強，總想著爭第一，哪怕是跟別人一起玩遊戲，我也不甘落後。印象最深刻的是有一次去爬山，因為不想落在後面，所以我一路都爬得飛快。

雖然最後我第一個爬到了山頂，但我卻沒有體會到快樂，因為在爬山的過程中我只想著快一點、再快一點，所以根本沒有心思欣賞沿途的風景，過後想來實在是得不償失。

其實，我也問過自己：追求第一才是人生的意義所在嗎？超越別人才是人生的意義所在嗎？如果一個人功成名就、腰纏萬貫，站在金字塔的頂端，他的人生就一定會有意義嗎？其實不然。在外人看來，他非常成功，可他自己的內心卻未必能感受到幸福與快樂。

在我看來，真正的幸福，應該是建立在拋去身外之物的基礎上，因為只有這樣的幸福才是內心想得到的。可就是這樣簡簡單單的幸福，大多數人都得不到。

我曾經看過一本寫終南山隱士的書，裏面記錄了一些居住在終南山隱士的日常生活。他們住在山洞裏，吃野菜餅，睡石板床，生活非常清苦。更令我吃驚的是，有的人竟然為了過這種生活，不惜放棄自己的高級主管職位和巨額財富。在我看來，這樣的清苦生活有什麼意思？多無聊啊！

可有的人就喜歡過這樣的生活。在他們看來，金錢、名利等不過是外人用來衡量價值的標準，對自己沒有絲毫用處，根本不重要；自己活得開心，遵從自我的意志生活，內心自由，這些才是最重要的。單從這方面來說，我自愧不如，不禁對他們心生敬意。

美國女教育家瑪法·柯林斯（Marva N. Collins）也是一位這樣的人。在她的教育下，芝加哥市裏那些從小就吸毒犯罪的孩子奇蹟般地成長為快樂自信的孩子，有的人後來甚至還讀了大學。

她獨特的教育理念引起世界各地教育家的關注，美國前總統雷根和布希都曾邀請她去當教育部部長，但她都婉拒了。相比於做官，她更喜歡當老師，喜歡在課堂上創造奇蹟的感覺，這令她特別有成就感。

有人可能會說：「我就是要追求物質，有了更多物質，我才會幸福。」但是這樣的觀念，真的能讓我們獲得幸福嗎？這裏的「更多」有標準可以參照嗎？

舉例來說，你自己本來有一個目標：賺二十萬，賺到的話就可以活得很快樂。但如果你非要和別人比物質多寡的話，就會陷入無限的比較中。超過張三，前面還有李四，在物質多寡這條路上是永遠沒有盡頭的，除非成為世界首富。如果你要一直跟別人比來比去，那你就永遠無法停下來感受生活的樂趣。

物質雖然重要，但畢竟是身外之物，內心的幸福感受更重要。我們常常會很迷茫，不知道該如何選擇物質和幸福，心理學家塔爾·班夏哈給出了建議：幸福第一，物質第二。

我們拚命追逐物質的最終目的是什麼？難道不是為了讓自己、讓家人過得幸福快樂嗎？難道不是為了更好地體驗人生樂趣嗎？

有的人賺錢不少，卻連給自己的戀人買件衣服都捨不得，這樣的人，不過是金錢的奴隸罷了。我們應該換一種觀念：不管現在擁有多少物質，我們都要用心體會生活的樂趣。一個人是否活得快樂，內心的感受是痛苦還是歡樂，只能靠自己來判定。這是一種主觀的感受，是無法用外在事物與他人進行比較的。

希望我們可以停止對外在條件的追逐，回歸自己的內心，體驗生活真正的幸福。

50 我們配得上世間的美好

享受生命的豐盛

貧窮限制了想像，許多人即使擁有一定的經濟實力，匱乏之感與擔憂，仍然如影隨形。

從小到大，我們一直被父母念叨：「家長賺錢不容易啊，你們要好好學習，不要辜負了我們的信任。」小時候家裏窮，父母都種地，確實很辛苦，這些其實不用他們說，我也都知道。

我其實挺節儉的。在花錢方面，除了學雜費，我幾乎從來不會向家裏要零用錢。記得有一年寒假，我媽給了我五塊錢，讓我跟著親戚去鎮上趕集。五塊錢對於當時的我來說是一筆鉅款。我把錢緊緊地揣在兜裏，生怕弄丟了。

到了市集上，琳琅滿目的商品讓我眼花繚亂。我在市集上逛來逛去，一直逛到中午吃飯時間也沒捨得花錢，最後只買了一張日曆年畫，花了五毛錢。回家後，我把日曆交給我媽，對她說：「我餓得很，還有沒有飯吃？」

我媽聽了非常心疼，趕緊給我做飯吃，還問我為什麼不在街上買點吃的。我說：「咱家賺錢不容易，我要省著花。」我媽很難受，說：「再怎麼著也不要餓肚子啊！」

童年陰影，愈懂事的孩子愈被綑綁

很多農村的孩子，從小目睹家長的辛苦，確實很早就懂事了。他們懂得體諒家長，懂得節儉。可這種懂事，也影響了他們的成長。

我從小就懂得體諒父母，生活很節儉，這也導致我長大後，即使賺了錢，也總覺得自己應該用廉價的東西。我心裏一直覺得自己配不上美好的東西，於是一直貶低自己，認為自己不值得擁有更好的物質、工作和感情，有時甚至會認為自己的存在是一種累贅，給世界帶來了負擔。用心理學家的話來說，這是匱乏感強烈的表現。

曾經，有一個很優秀的男生向我告白，我表面上故作淡定，內心裏其實在想：你瞎了眼吧，居然會喜歡上我？

記得剛開始工作時，有一年，我在工廠上班，其實那時候已經能夠賺錢買新衣服了，可我還是整天穿著我的那些舊衣服。不是因為買不起，而是因為穿新衣服讓我不舒坦。在我的心裏，我就只配穿舊的。

之前看過一篇文章，說女人應該多買衣服和包包。我不認同這個觀點，就在下面留言：「我都是包用破了再去買新的，不能浪費。」沒想到博主竟然回覆我了，還帶了一個鄙視的表情。她說：「女人買新衣服和包包，不是等到妳用破了再買，是為了美麗。」

這些道理其實我都懂，但是從小到大，節儉的觀念已經刻到了我的骨子裏，時刻盤踞在我心頭。平時買個稍微貴點的東西，我都覺得好像是一種犯罪。

其實我在為人處世上是很大方的，日常生活中，我常請朋友吃飯，毫不吝嗇；可對自己，我卻一直很摳門。有一次，在上班時，我看到大家都在買曲奇餅乾，我也想吃，可又覺得它太貴了，所以沒捨得買。我一直想著曲奇餅乾，後來，同事實在看不下去了，就把他的那份送給了我。

有人說，世上有兩件事無法隱藏，這兩件事就是愛和貧窮。貧窮也分為兩類——物質的貧窮和精神的貧窮。

因為從小到大節儉慣了，所以開始工作後，我還是會無意間流露出內心的窘迫。好在我的同事既沒有嘲諷我，也沒有疏遠我，他們選擇用另一種方式愛護我，保全了我的自尊心，所以，我對他們十分感激。

我的同學李林和我一樣，也是苦孩子出身。雖然他現在一路打拚，年紀輕輕就賺了很多錢，事業有成，但他依然捨不得消費。談戀愛時，他對女朋友十分摳門，連送個禮物都捨不得。跟女友逛街，他買東西只挑便宜的。後來，他女朋友受不了了，就跟他分了手。

李林仍然很努力地賺錢，他說他要存很多錢，這樣才有安全感。可如果一個人擁有了很多錢，卻不捨得給自己花，也不捨得給戀人花，那能叫富有嗎？所以直到現在，他仍然孤身一人。

如何改變這種內在的匱乏感呢？答案就是——學著愛自己。

當我們的內心再一次出現「我配不上美好」這種念頭時，我們就可以反問自己：為什麼我們就配不上美好呢？我們辛苦奮鬥，為的不就是享受美好嗎？過去的貧窮，那是過去的，不是我們自己的原因造成的。而且我們已經很節儉了，沒必要把過去的傷痛帶入現在的生活。

再說了，我們自己賺錢，給自己買東西，這是我們的權利。只要消費得起，我們就可以心安理得地享受；即便消費不起，也不代表著我們配不上美好。

很多以前窮過的人，現在雖然生活條件改善了，能夠坐得起飛機上的頭等艙，也開得起豪車了，可內心還是會時不時冒出自己配不上的念頭。這都是因為小時候留下的貧窮的陰影。

慈愛冥想，重新愛上自己

除了上面講到的方法外，對待這種匱乏感還有一種方法——慈愛冥想。正向心理學家芭芭拉·弗雷德里克森建議人們可以試一試慈愛冥想的方法，重新認識自己，進而愛上自己。冥想時，我們要在腦海中以充滿愛心的觀察者身份看自己。我們應該完全接受自己本來的樣子，不必在意自己給別人留下什麼印象，因為無論自己是什麼樣子，都是我們喜歡的樣子。

我們很多人在日常生活中都會碰到這樣的情況：如果遇到某個小孩子，看著他純真的笑臉，就會不由自主地喜歡他。你可以試著把自己當作那個孩子，給自己溫暖和憐惜。當你認識到自己的可愛和價值，你就會從內在和自我祝福中愛上自己。

當我們的內在達到一致性時，就不會對自己有那麼多評判了。當我們意識到自己的獨特價值時，我們就會明白，自己就是世上最美好的人。

51 生命的終極意義到底是什麼？

相信人生是一場雙贏的遊戲

發揮優勢，貢獻所長，活出如其所是的我。

小時候，我經常坐在山頂仰望天空，思考天空以外是什麼，小小的心裏充滿了對外界的好奇。

隨著知識的積累，我慢慢懂得了宇宙這個概念，我又開始幻想：宇宙之外是什麼呢？外面的外面又是什麼？我們最遠能到達哪裏呢？有沒有一個終點？我有時甚至會想，人類的祖先是誰呢？祖先的祖先又是誰？是神話故事裏說的那樣嗎？

其實不止我們，哪怕是小孩子，也會不由自主地思考生命本身，思考那個最著名的哲學問題：

我是誰？

我從哪裏來？

我到哪裏去？

關於人類的起源，有很多種說法，宗教的、自然科學的……但我最關心的是人類的終極目標到底是什麼。

奶奶的離世帶來生命的思索

我第一次目睹親人離世是在十歲那年——那年我的奶奶去世了。我呆呆地站在床邊，看著奶奶平靜地躺著，面容安詳。那時我對死亡還沒什麼概念，我只知道，奶奶再也不會說話了。

大人們說，奶奶只是去了另一個世界。可是我等啊等，等了好久都沒有等到奶奶回來。後來某一天，我突然意識到，奶奶永遠也不會回來了，我才真正明白了死亡意味著什麼。從此，我對死亡產生了巨大的恐懼。

死亡，不僅僅是指一個人生命的終止，還意味著這個人從現實世界消失，永遠地離開我們，我們再也見不到他了。「但願人長久，千里共嬋娟。」詩句固然是美好的，但我們應該明白，相聚是短暫的，分離才是永恆的。

當我知道世間萬物最終都將灰飛煙滅時，我的心裏充斥著幻滅、失望和沮喪。既然人終將死去，那我們為什麼要勤奮工作呢？我們存在的意義究竟是什麼呢？

追求永生是人類不醒的夢

韓劇《來自星星的你》熱播時，人們說，地球男人已經無法滿足女性對完美男人的幻想了，於是，外星人橫空出世。作為一名來自星星的男人，都敏俊富可敵國，才華橫溢，而且還擁有超能力：長生不老。他在地球上活了四百年，卻依然俊美如初。他還能瞬間移動，讓時間靜止……這樣一個神一般的人，讓無數女人為之瘋狂。

韓國的編劇們很懂女性心理，在女性的心中，最完美的男人莫過於「男神」。其實男性也一樣，誰不喜歡完美的神呢？

美國的伊隆·馬斯克（Elon Musk）成功發射了首枚獵鷹重型火箭，讓人類距離移民火星的夢想愈來愈近。馬斯克的舉動給地球人帶來了希望。在距離毀滅還有七十億年的時間裏，如果人類足夠努力，應該可以應對挑戰，找到更好的生存環境，在地球毀滅之前逃離出去，甚至還有可能實現永生的夢想。

正向與負面情緒可以相互合作

美國作家羅伯特·懷特（Robert Wright）寫過一本書叫《非零年代》。在這本書裏，懷特經由對各種詳實的資料研究發現：生命的密碼不是DNA，而是非零和遊戲。非零和遊戲，意味著遊戲的結局有很大概率是雙贏。而零和遊戲，不是你死，就是我活，總和為零，雙輸。人類在進化過程中，同時玩兩種遊戲——零和遊戲以及非零和遊戲，最好的選擇自然是非零和遊戲，這樣基因才能更好地延續。人類社會在非零和力量的驅動下，會愈來愈複雜、愈來愈豐富，並不斷趨於完美。

正向心理學家馬汀·塞利格曼從懷特的書中獲得啟發，他認為正向情緒、積極人格的存在有更深遠的意義。在自然選擇的過程中，人類進化出了兩大類情緒——正向情緒和負面情緒。正向情緒能夠幫助生命個體應對危機，而負面情緒能夠引導我們相互合作，走向雙贏。絕大部分人都渴望玩雙贏的非零和遊戲，而非你死我活的零和遊戲。這樣看來，人類的前途總體上是非常樂觀的。所以馬汀·塞利格曼在他的正向心理學著作《真實的快樂》中寫道：

從長遠來看，這個雙贏原則將把我們帶到哪裏？給我們帶來一個非超自然的神，一個需要透過自然的雙贏法則才能得到萬能、全知和美德的神。或許，神才是我們的終點……如果神是生命的終點，那麼這種生活必定是神聖的。

塞利格曼的這種觀點，給我注入了一針強心劑，讓我對未來不再那麼悲觀。因為我曾是一個無比相信世界末日很快會來臨的人。

負起責任，自己探索賦予人生的意義

如果我們選擇走向這個目的，或許我們完成不了多麼偉大的事情，但我們可以發揮自己的優勢，通過勤奮工作創造財富，幫助他人……哪怕是非常微小的事情，只要朝著這個目的努力，你所做的就是神聖的事情。

有的人聽了這話可能還是會表示絕望：「如果神是生命的終點，那我們是什麼呢？我們在地球上只有不到一百年的存活時間，未來對我們來說太遙遠了，我們註定會成為犧牲品。」

我卻不這麼看。在我看來，倘若你願意，只要這種方法運用合適，今生就能到達人生的彼岸，不必苦苦等待。

那麼這種方法是什麼呢？我們又如何到達人生的彼岸呢？

其實，我們早已經接近過它。它就是人們常說的——人和人的活法不一樣，體驗就不同。馬汀．塞利格曼說：發揮優勢，並且把你的優勢用於增加知識、力量和美德，這樣的生活才有意義。

當你投入寫作，你會忘記痛苦；當你主動幫助別人，你會感受到自己的存在價值；當你勇敢地迎接挑戰，你的能力會得到提升，而且，你會為自己感到自豪；當你和自己愛的人在一起，你會覺得開心快樂……

所以，人生有終極意義。我們要用盡一切努力去接近那個更大的存在，因為它是終極的完美，是我們永恆的嚮往。

52

我不要放下野心，我就是要追求逆襲的人生

人不痴狂枉少年

有人嚮往平淡踏實，有人喜歡轟轟烈烈，不斷變化的生活；無關對錯，依循著內心喜悅，放手一搏，只求無愧於心。

前段時間看電影《艾莉塔：戰鬥天使》時，有一個片段令我印象深刻。艾莉塔和男友雨果站在管道上，雨果想去撒冷，於是他沿著管道拚命往前衝。艾莉塔呼喚他：「我們不屬於任何地方，除了彼此身邊。」雖然艾莉塔的這句話非常感人，可雨果不想逃一輩子。

艾莉塔認為：「我們不屬於任何地方，除了彼此身邊。」這是她的一廂情願。因為她來自撒冷，擁有優秀的機甲術，還有一顆強勁的心臟。而她的男友雨果卻沒法和她相提並

論，他沒有去撒冷的能力。

撒冷是什麼地方呢？在電影中，撒冷是一個高高在上的「天空之城」，盤踞在人們的頭頂，這是對人類社會的隱喻。作為普通人，我們只能仰視那些站在金字塔頂端的人。

艾莉塔不喜歡撒冷，她只想追求愛情。而對於雨果來說，到達撒冷卻是一個「逆襲之夢」。

大膽築夢，為自己奮戰一場

雨果的夢，也是普通人所渴求的夢。試問，有哪一個普通人不想逆襲呢？我理解雨果，因為我也有一個逆襲的夢。可在現實生活中，我們總會聽到很多「人生導師」諄諄告誡：平平淡淡才是真，放下你的野心和欲望，做一個平凡的人……

說真的，我很反感這種觀點。我才不要什麼平平淡淡的人生，我就是想要轟轟烈烈的人生。那麼多人過平平淡淡的生活，究竟是因為喜歡，還是因為沒有更好的選擇，只好無奈接受呢？

我不要放下野心，我就是要追求逆襲。我能想到的逆襲應該和很多人差不多：賺很多錢，被愛包圍，寫很多好作品……其實，大家的逆襲之夢都差不多。

然而，總有人規勸我們不要做白日夢，連想都不要想。

幾年前，我的一位姨媽在給我介紹對象時就是這麼教導我的：「妳是個農村女娃，心不要太野了。妳媽有病在身，妳還想找個城裏人？找個能過日子的人就行了。」

包括我父親，他也是這麼教導我的：「妳可不要找外地人，找本地的就行。也不要找那些大老闆之類的，就找一個普通上班族就行。」

我的父母對我的了解還是太少了，他們到現在也還不明白我真正想要什麼。我想成就自己，成為一個內在、外在都強大的女人，所以我不認命。我有做夢的自由，我也有說「不」的權力。

我們應該大膽做夢，這是我們與生俱來的權力。在《陳涉世家》一文中，陳勝振臂高呼：「且壯士不死則已，死即舉大名耳，王侯將相，寧有種乎？」這句話，每一個自甘平庸的人都應該讀上一百遍並牢記在心裏，時刻提醒自己：活著的重要使命，就是奮鬥，就是逆襲。

人本應該舒展自由，可為什麼我們卻活得謹小慎微？從心理原因來看，主要是因為我們從小就被各種觀念約束、限制著，那些觀念深入我們的骨髓，讓我們難以擺脫。

家庭貧窮、沒有耐心育兒的父母，經常會責罵、打擊孩子，動不動就用「笨蛋」、「蠢貨」之類的詞語給孩子貼標籤。對小孩子來說，父母就是他世界裏的神，父母說的話不容置疑。

在這樣的環境下長大的孩子會自然而然地認為自己很笨，什麼也做不好，不值得被愛。除非成年後受到其他觀念衝擊，否則這種限制性的觀念會一直存在於他們的腦海中。

我曾和朋友聊旅行計畫，我列舉的夢想中的城市全是國際大都市。有的朋友會鼓勵我實現夢想，有的朋友則會揶揄我：「野心不小啊，要是能上天的話，你是不是還想上天了？」

就算我想上天，有錯嗎？去不了，難道想一想也不允許嗎？

別觀望，踏進門內才知風景

說到這兒，我就想起了之前去酒吧的經歷。北京有一個酒吧，位於國貿大酒店的八十樓。我和一位朋友聊過這個酒吧，說等有時間了一定去一次，結果說了一年多也沒去成，因為我擔心像我們這種普通人可能不被允許進去，那到時候該多尷尬啊。

前段時間，我和一個朋友在國貿商城吃飯，我們終於鼓足勇氣上了八十樓。那個酒吧外面放著「謝絕參觀」的牌子，朋友一看，立刻嚇得打退堂鼓，不敢進去了。

可我想，既然已經到門口了，就進去看看吧。但沒想到，我剛進去，一個外籍服務員就出來趕我走：「對不起，我們這裏不可以參觀。」

一會兒，一個女經理過來了，她告訴我們靠窗的地方最低消費二千二百元人民幣，其他位置沒有最低消費。我跟她聊了一會，拿了一張名片走了。

雖然這次確實也碰了壁，但是還好，沒有想像中那麼可怕。我和朋友還打算以後選個天氣晴朗的日子去那個酒吧喝一次酒，就當是圓個夢吧。

作家和菜頭曾經寫過一篇文章——《推門而入》，裏面的情節和我這次的經歷大體相似。他一直覺得高爾夫球這項運動太高端，不屬於他，跟他沒有關係。在無數次經過高爾夫球場後，有一天，他終於鼓足勇氣，走了進去。

令他想不到的是，打一場高爾夫球並沒有他想像的那麼昂貴，打一百個球只需要花六十塊人民幣。和菜頭說，他那天用棍子揮了三百多個球。

自我實現的快樂，無可取代

很多時候，真正擊敗我們的，不是現實，而是頭腦中想像的恐懼。這種恐懼，會成為我們逆襲的阻礙。

即便見多識廣的和菜頭，也會被所謂「高大上」的表象嚇住，所以，我被嚇得不敢去那個酒吧也是可以理解的。

我並不是說讓所有人都像我一樣，一定要去很貴的酒吧，一定要寫出優秀的作品，一定要去國際大都市旅遊。這些只是我的目標，是我的人生追求。

每個人都有自己逆襲的目標，有的人想在村裏買塊地種菜，有的人想到山上蓋所別墅養生，有的人想去追求自己喜歡的「女神」……

別害怕，不要被外界的恐嚇嚇倒，找到你自己真正想要實現的目標，勇敢去行動。

心理學家馬斯洛（Abraham Harold Maslow）在談到自我實現時說過這麼一段話：自我實現可以是鋼琴鍵盤上的手指鍛鍊。自我實現可以是努力做好你想要做的事。只想成為一個二流的醫生，那還不是一條通向自我實現的正確途徑。你應該要求自己成為第一流的，或要求你盡你自己的所能。

我想要追求的逆襲，就是馬斯洛說的自我實現——盡我所能。

我想要拚盡全力去逆襲，去實現自己的目標，這樣的人生，才是值得的。

拚盡全力去追求自己的夢想，就算最終不能成功逆襲，此生也已無憾！

擺脫無力感
拿回人生主動權

作者 二美
編輯 書暢
校對 書暢、蔡玟俞、黃子瑜
美術設計 劉錦堂

發行人 程顯灝
總編輯 呂增娣
主編 吳雅芳、藍匀廷、黃子瑜
美術主編 劉錦堂
美術編輯 陳玟諭
行銷總監 呂增慧
資深行銷 吳孟蓉

發行部 侯莉莉
財務部 許麗娟、陳美齡
印務 許丁財
出版者 四塊玉文創有限公司

總代理 三友圖書有限公司
地址 106 台北市安和路二段二一三號四樓
電話 (02) 2377-4155
傳真 (02) 2377-4355
E-mail service@sanyau.com.tw
郵政劃撥 05844889 三友圖書有限公司

總經銷 大和書報圖書股份有限公司
地址 新北市新莊區五工五路二號
電話 (02) 8990-2588
傳真 (02) 2299-7900

製版印刷 卡樂彩色製版印刷有限公司

初版 二〇二〇年十二月
定價 新台幣三五〇元
ISBN 978-986-5510-43-5（平裝）

國家圖書館出版品預行編目(CIP)資料

擺脫無力感：拿回人生主動權 / 二美作. -- 初版. -- 臺北市：四塊玉文創有限公司, 2020.12
面； 公分
ISBN 978-986-5510-43-5(平裝)

1.自我實現 2.生活指導

177.2 109017480

地址：　　　縣/市　　　　鄉/鎮/市/區　　　　路/街

段　　巷　　弄　　號　　樓

廣　告　回　函
台北郵局登記證
台北廣字第2780 號

SANYAU

三友圖書有限公司 收

SANYAU PUBLISHING CO., LTD.

106　台北市安和路2段213號4樓

親愛的讀者：

感謝您購買《擺脫無力感：拿回人生主動權》一書，為感謝您對本書的支持與愛護，只要填妥本回函，並寄回本社，即可成為三友圖書會員，將定期提供新書資訊及各種優惠給您。

姓名 ________________ 出生年月日 ________________

電話 ________________ E-mail ________________

通訊地址 ________________

臉書帳號 ________________

部落格名稱 ________________

1 年齡
☐18歲以下 ☐19歲～25歲 ☐26歲～35歲 ☐36歲～45歲 ☐46歲～55歲
☐56歲～65歲 ☐66歲～75歲 ☐76歲～85歲 ☐86歲以上

2 職業
☐軍公教 ☐工 ☐商 ☐自由業 ☐服務業 ☐農林漁牧業 ☐家管 ☐學生
☐其他 ________________

3 您從何處購得本書？
☐博客來 ☐金石堂網書 ☐讀冊 ☐誠品網書 ☐其他 ________________
☐實體書店 ________________

4 您從何處得知本書？
☐博客來 ☐金石堂網書 ☐讀冊 ☐誠品網書 ☐其他 ________________
☐實體書店 ________________ ☐FB（四塊玉文創／橘子文化／食為天文創 三友圖書 —— 微胖男女編輯社）
☐好好刊（雙月刊） ☐朋友推薦 ☐廣播媒體

5 您購買本書的因素有哪些？（可複選）
☐作者 ☐內容 ☐圖片 ☐版面編排 ☐其他 ________________

6 您覺得本書的封面設計如何？
☐非常滿意 ☐滿意 ☐普通 ☐很差 ☐其他 ________________

7 非常感謝您購買此書，您還對哪些主題有興趣？（可複選）
☐中西食譜 ☐點心烘焙 ☐飲品類 ☐旅遊 ☐養生保健 ☐瘦身美妝 ☐手作 ☐寵物
☐商業理財 ☐心靈療癒 ☐小說 ☐繪本 ☐其他 ________________

8 您每個月的購書預算為多少金額？
☐1,000元以下 ☐1,001～2,000元 ☐2,001～3,000元 ☐3,001～4,000元
☐4,001～5,000元 ☐5,001元以上

9 若出版的書籍搭配贈品活動，您比較喜歡哪一類型的贈品？（可選2種）
☐食品調味類 ☐鍋具類 ☐家電用品類 ☐書籍類 ☐生活用品類 ☐DIY手作類
☐交通票券類 ☐展演活動票券類 ☐其他 ________________

10 您認為本書尚需改進之處？以及對我們的意見？
____

感謝您的填寫，

您寶貴的建議是我們進步的動力！